都市型トランクルーム経営

［完全解説］

浦川浩貴 URAKAWA KOUKI

幻冬舎 MC

完全解説
都市型トランクルーム経営

はじめに

　人生100年時代といわれる今、長い老後の生活に備えて多くの資金確保が必要といわれています。2019年には金融庁ワーキング・グループが老後の30年間で2000万円が必要になるという資料を発表し、世間にショックが広がりました。国民年金の保険料納付期間は20～60歳の40年間とされていますが、政府が65歳までへの延長を検討しているというニュースもあり、将来のお金に対して不安をもつ人が増加しています。

　また、2022年にはロシアのウクライナ侵攻をきっかけに世界的な物価高騰が始まり、欧米各国はインフレ抑制策に躍起です。長らくデフレと物価下落が続いていた日本でも電気代やガス代など光熱費の物価上昇が止まらず、あらゆる商品・サービス価格が急激に値上がりして家計を圧迫し続けています。今の状況がこれからどうなるのか、見通しはまったく立っていません。

このように将来のお金に対する不安が募るなか資産形成の必要性を感じ、投資に注目する人が増えています。しかし、株式投資は初心者にはハードルが高く、債券などの有価証券も投資対象にするには市場の価格変動リスクに対して抵抗がある人も少なくありません。数多くの投資商品があるなかで、リスクを抑えて効率よく運用するには何に投資すべきだろうかと、選択に慎重になってしまうことは当然のことと思います。

そこで、昨今注目を集めているのが都市型トランクルーム経営です。

私は2016年からトランクルームの運営管理と開発分譲に着手し、日本で初の区分投資型のトランクルーム事業を始めました。トランクルーム経営とは、収納スペースとしてトランクルームを貸し出す事業への投資を指します。その魅力はなんといっても中長期にわたって月々の使用料という安定的な利益が得られる点であり、将来に向けた資金づくりには最適といえます。

特に東京や大阪などの都市部では地価が高いこともあり、住宅の収納スペースが足りないという人が多いため、常に高い稼働率を維持することができます。また、コロナ禍を経てリモートワークが浸透したことで、住宅の中にワークスペースが必要になり、より多くの収納が求められるようになったことも重なって、都市部におけるトランクルームの需要は右肩上がりとなっているのです。

さらに、トランクルーム経営は自己資金100万円台でスタートでき、賃貸住宅のように高額のリフォームや修繕費用、管理点検といった負担もほとんど必要ありません。私が開発したスキームを使えば、たった1年で利回り15%台での運用をすることも可能です。

このようにローリスク・ハイリターンであることがトランクルーム経営最大の魅力であり、お金に関する将来への不安と投資リスクへの恐怖をもつ人にとって最適な投資となる理由なのです。

そこで本書では都市型トランクルーム経営について、仕組みや開業1年目からハイリターンを得るためのポイントなどを余すところなく収めています。

この本が将来に不安をもつ読者の一助になるなら、著者として望外の喜びです。

目次

第2章
都心だからこそローリスクと安定収入を実現！ 少額な初期費用でスタートできる「都市型トランクルーム経営」

第3章
実質利回り15%超、高稼働を叶える! 1年目からハイリターンを得るためのポイント

第4章
都市型トランクルーム経営を成功させた5人の投資家たち

第5章

深刻化する空き家問題を解決
トランクルーム経営は社会貢献にもつながる

第1章

将来のお金に対する不安と投資リスクへの恐怖

今も将来もお金の不安がつきまとう

急速な物価上昇が続くなか、お金に対する不安を感じる人が増加しています。

2023年1月20日に発表された総務省「消費者物価指数」（2022年12月分及び2022年平均）によれば、指標とされる生鮮食品を除く総合指数（コアCPI）は前年比4・0％上昇しました。この値上げ幅は、第2次石油危機時の1981年12月以来、41年ぶりといわれています。

物価上昇の原因は複数ありますが、新型コロナウイルス感染拡大による需要と供給の変化によって商品やサービスの価格が影響を受けたこと、国際情勢の不安定化による原油価格の上昇や資源価格の変動、円高により輸出企業の収益が減少したことなどが挙げられます。

原油価格の上昇は電気代の値上げの要因の一つです。そもそも2011年の東日本大震災以降、電気料金は上昇傾向にありました。原油価格の下落などにより２０１４年度から２０１６年度は低下しましたが、再びどんどん値上がりしています。

物価上昇に伴って、我々消費者が「高くて買えない」「節約しなければ……」と買い控えをすれば、企業の売上や収益が減少して、不景気が続いていくという悪循環です。

こうした事態を受けて、政府は「物価上昇を上回る賃上げ」を企業に呼び掛けていますが、対応できるのは一部の大企業に限られており、多くの会社員は物価高と上がらない賃金に苦しめられています。

図１　消費者物価指数　生鮮食品を除く総合指数の動き

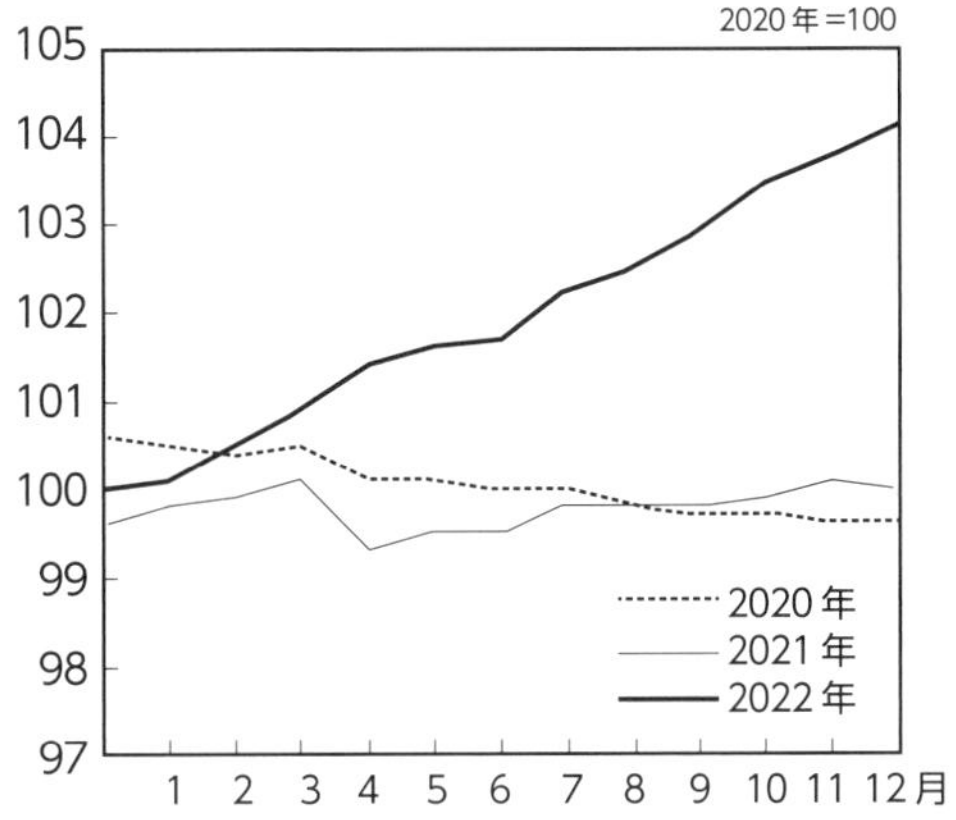

出典：総務省「消費者物価指数」（2022年12月分及び2022年平均）

図２　電気料金平均単価の推移

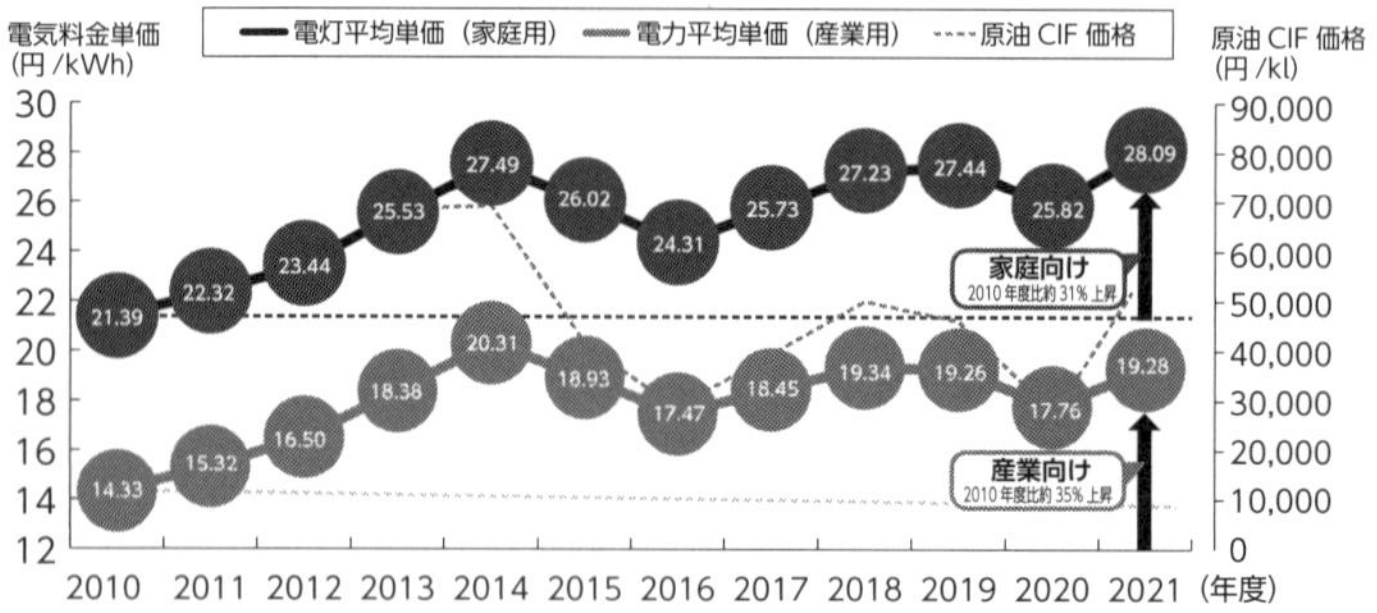

出典：発受電月報、各電力会社決算資料、電力取引報等を基に作成
原油 CIF 価格：輸入額に輸送料、保険料等を加えた貿易取引の価格
出典：経済産業省HP「日本のエネルギー 2022年度版エネルギーの今を知る10の質問」

そのほか、近頃よく耳にする「老後２０００万円問題」に懸念を抱いている人も多いと思います。２０１９年６月に公表された金融庁の金融審議会市場ワーキング・グループの報告書「高齢社会における資産形成・管理」に記載された内容から、「老後資金として２０００万円が必要になる」と大きく報道されて騒動になりました。

日本は長きにわたって終身雇用と年功序列が当たり前とされていましたが、近年の労働市場の変化や経済状況の変化により、この２つのシステムは崩壊しつつあります。能力主義や柔軟性を重視する形態の雇用や評価が増えてきており、従業員のスキルや成果に基づく報酬体系の導入が当たり前という認識が今の日本では当たり前になりつつあります。どんな大企業であれ、定年まで勤め上げて多額の退職金を手にできるという考え自体が時代遅れです。今の生活が一生続く保証もなく、会社にいれば安泰という感覚は、すでに失われているのです。

また、少子高齢化社会のなかでは公的年金制度も当てにはできません。公的年金制度は、現役世代の労働者の税金や社会保険料によって運営されています。しかし、高齢化社会の進行や出生率の低下により、受給者の数が増加し財政負担が増大しています。具体的には、現在生産年齢人口３人あたりで１人の高齢者を扶養しているところ、近い将来には２人で１人の高齢者を扶養することになると予測されています。そもそも大量の高齢者を少ない現役世代が支える構造という時点で、すでに破綻しているといえます。

加えて、近年医療の進歩や生活環境の改善により、日本人の平均寿命が延びて「人生１００年時代」も現実に近づいています。２０２２年7月に厚生労働省が発表した「簡易生命表」によると、２０２１年の日本人の平均寿命は男性が81・47歳、女性が87・57歳で

図3　平均寿命の推移（1980〜2021年）

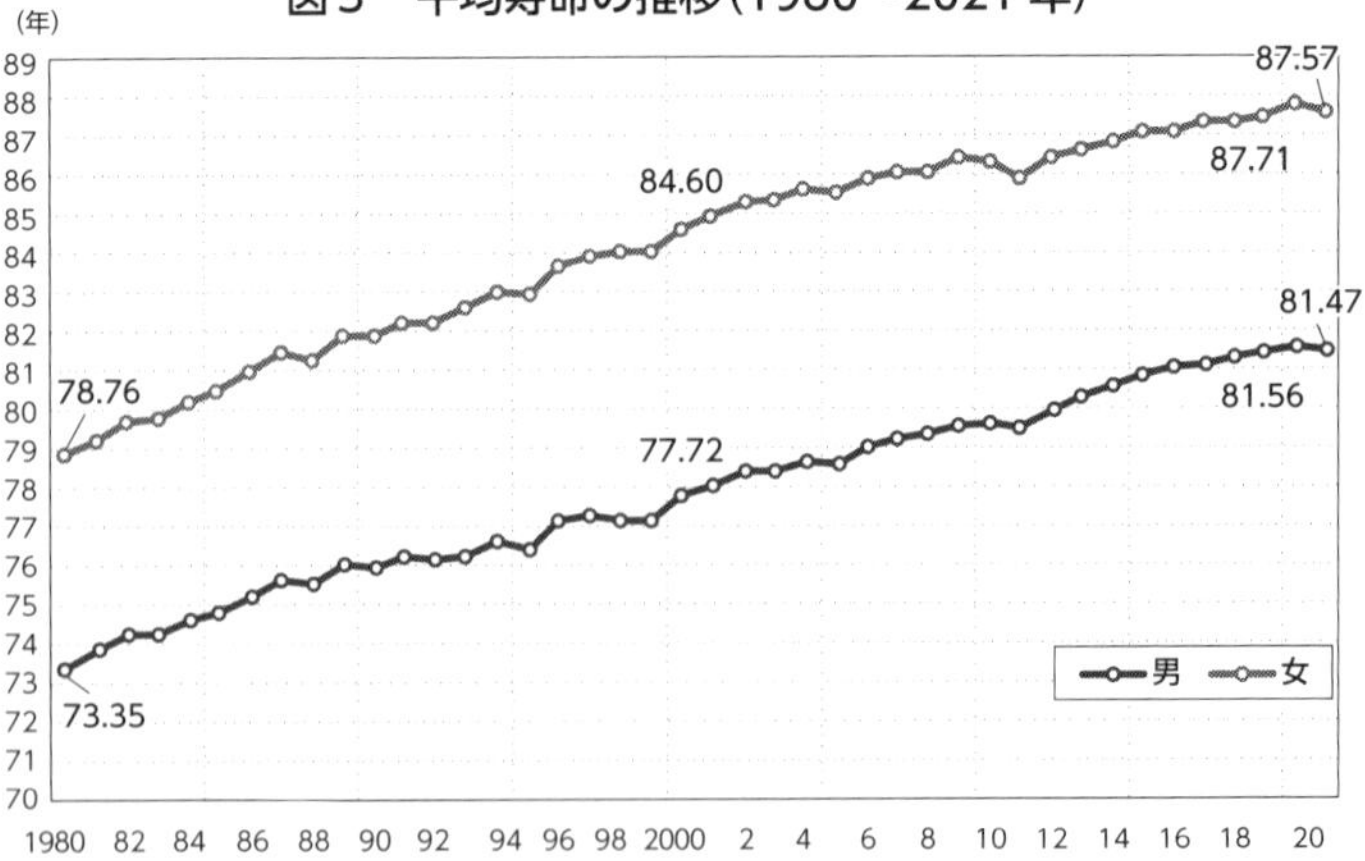

出典：厚生労働省「令和３年簡易生命表の概況」を基に作成

図4　90歳を迎える者の割合

生命表上の特定年齢まで生存する者の割合の年次推移

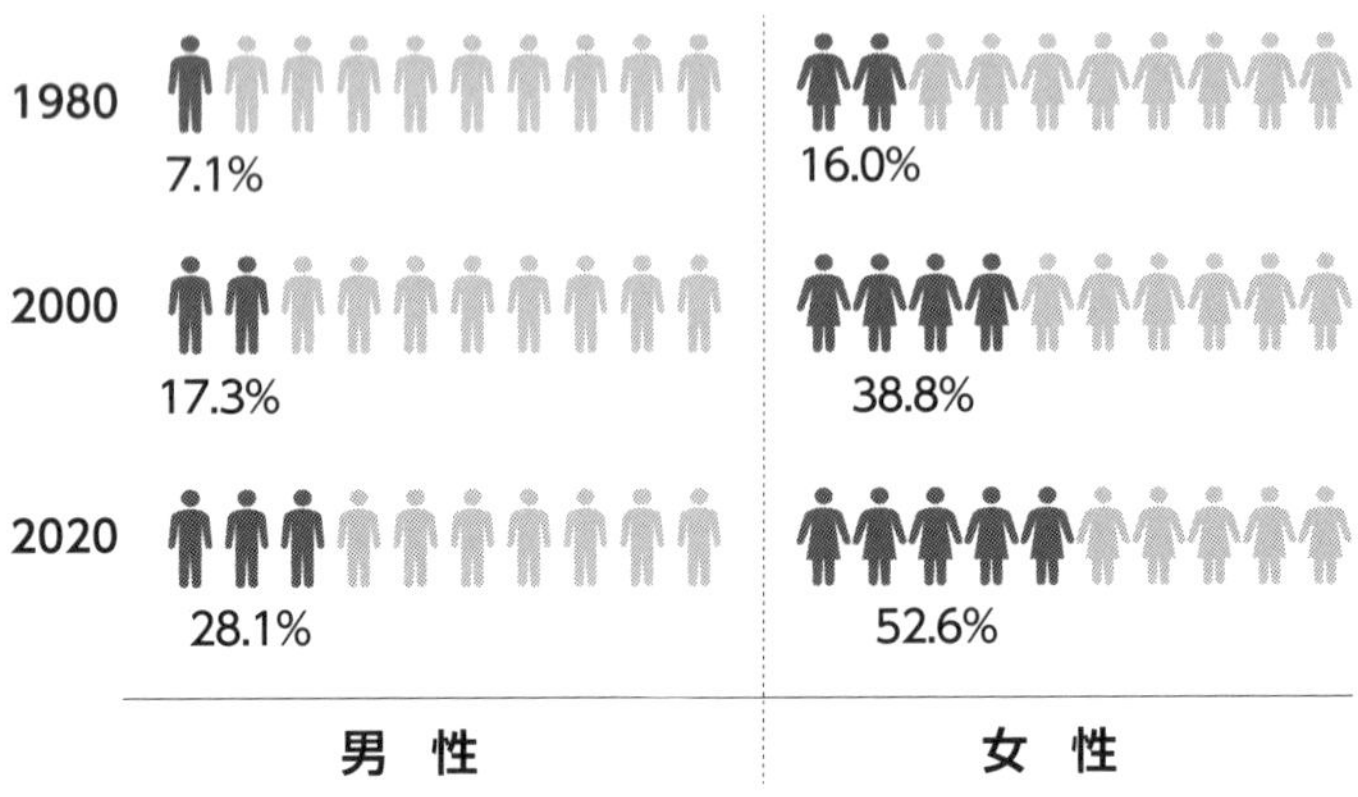

出典：厚生労働省「令和３年簡易生命表の概況」を基に作成

す。新型コロナウイルス流行の影響を受けて多少短くなったものの、今後も平均寿命は延伸すると見込まれています。

生命表上では、90歳まで生存する人の割合は、約40年前の１９８０年に生まれた人では男性７・１％、女性16・０％であったのに対して、２０２０年に生まれた人は、男性28・１％、女性52・６％となり、多くの人が長寿になるとされています。

長寿化により、公的年金の受給期間も長くなり、公的年金制度が将来的には現在の水準を維持することや、十分な年金を受け取ることができるかどうかは不確実です。そのため、個人の年金計画や老後の資産形成において、公的年金制度だけに頼るのではなく、私的な年金商品や個人の貯蓄などの多様な手段を検討することが重要です。

コロナ禍で浮き彫りになったリスク

２０２０年、新型コロナウイルス感染拡大により、私たちの生活は大きく変わりました。

世界中で感染者数が急増し、医療機関の逼迫《ひっぱく》や経済活動の停滞などの問題が発生しただけでなく、さらにその感染力の強さから外出自粛、イベントの自粛、大量感染が発生しやすい飲食店の営業時間短縮などさまざまな対策が講じられました。

そのため需要や供給の縮小が起こって、失業率や企業の倒産率などが上昇するという経済の急速な悪化を招きました。

2022年の4月に公表された中小企業庁「2022年版　中小企業白書・小規模企業白書概要」によれば、「2年に及ぶ新型コロナウイルス感染症の流行や原油・原材料価格の高騰、部材調達難、人材不足といった供給面の制約もあるなかで、中小企業は引き続き厳しい状況にある」と報告されています。

急速に新型コロナウイルスの感染拡大の進んだ2020年4~6月期には2008年のリーマンショック時を下回る水準まで急激に悪化しました。その後、持ち直しの動きも見られるものの、調査の行われた2022年2月時点においても、新型コロナウイルス感染症は、引き続き多くの中小企業に影響を与えていると報告されています。

図5 新型コロナウイルス感染症による企業活動への影響

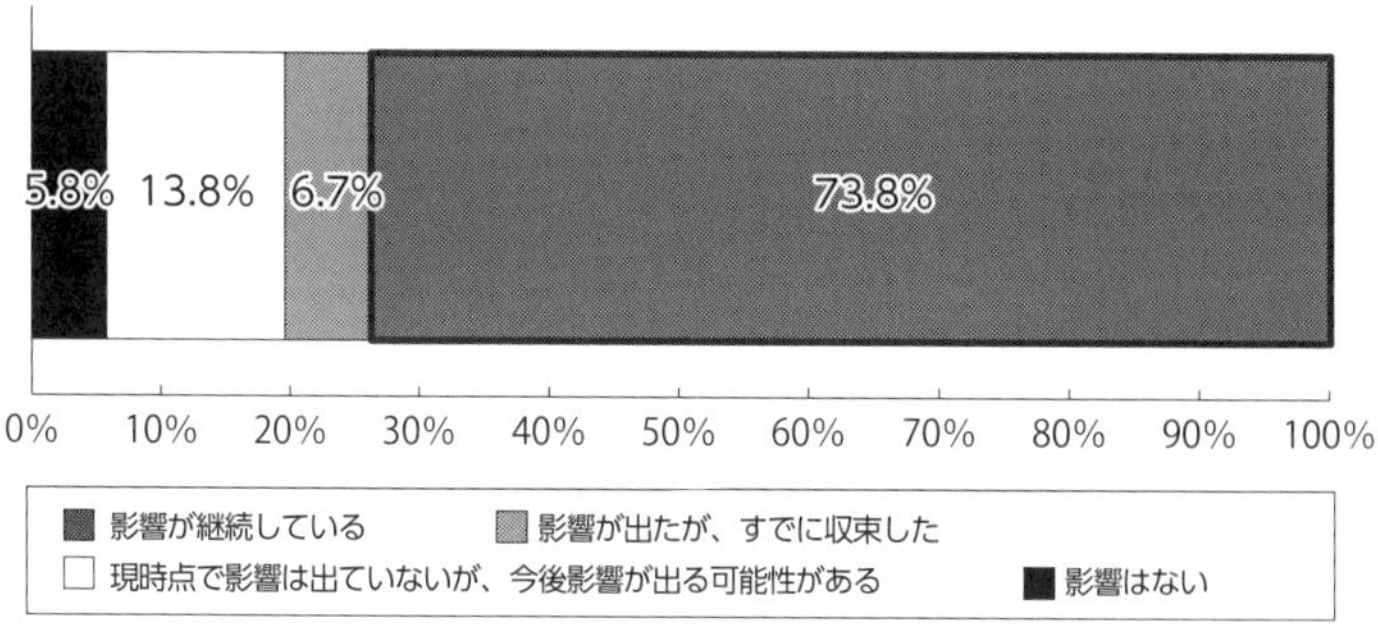

資料：(株)東京商工リサーチ「第 20 回新型コロナウイルスに関するアンケート調査」(2022 年 2 月)
(注)資本金 1 億円未満の企業を集計したもの。
出典：中小企業庁「2022年版 中小企業白書・小規模企業白書概要」

図6　新型コロナウイルス関連破たんの月別判明件数

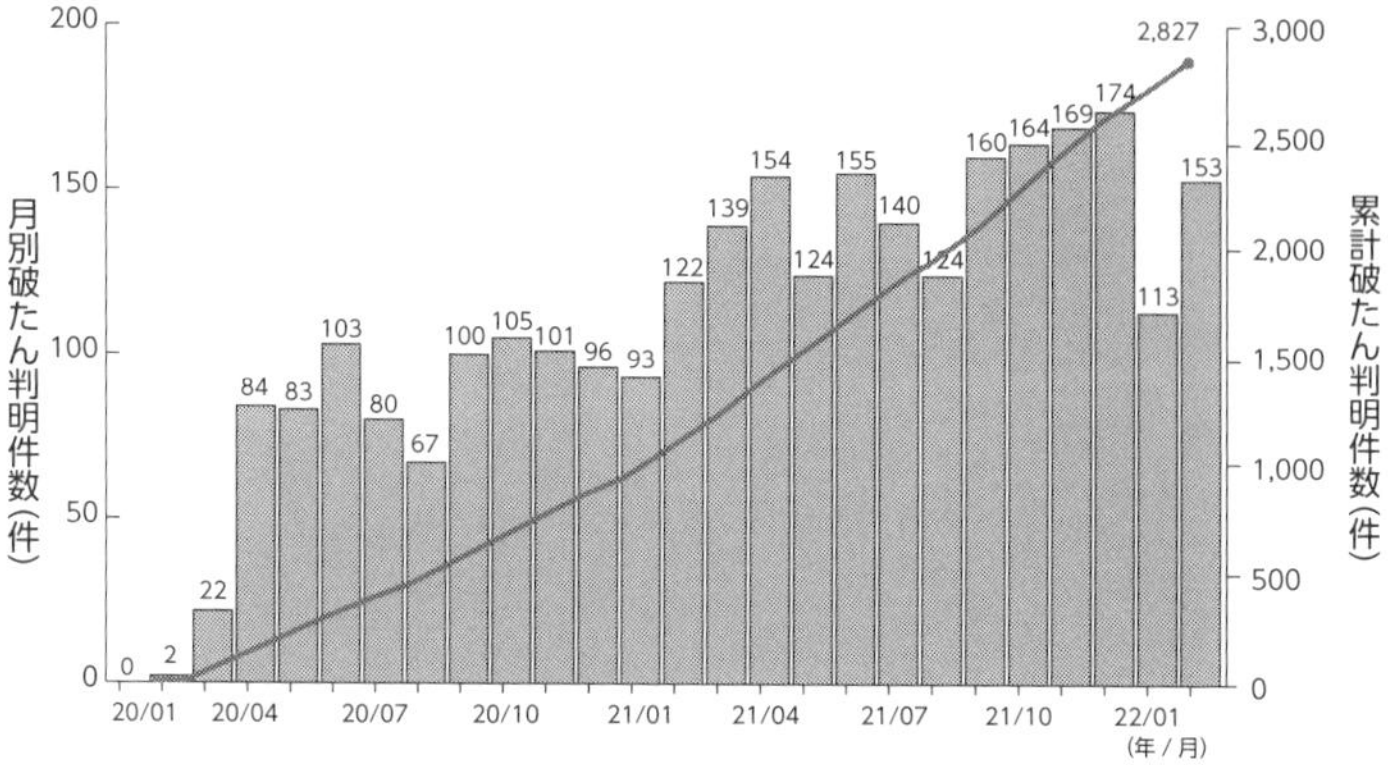

資料：東京商工リサーチ「『新型コロナウイルス』関連破たん状況」(2022 年 2 月 28 日)
(注) 1. 負債 1,000 万円以上の法的整理、私的整理を対象に集計されたもの (準備中を含む)。
2. (株)東京商工リサーチの取材で経営破たんが判明した日を基準に集計されたもの。
資料：(注) 3. 新型コロナウイルス関連破たんとは、(株)東京商工リサーチの取材で担当弁護士や当事者から新型コロナウイルスが要因であると言質が取れた経営破たん。
出典：中小企業庁「2022年版 中小企業白書・小規模企業白書概要」

コロナが収束したとしても、今は電気料金の高騰や物価上昇の影響が日々の生活に出ており、なかなか平常には戻りません。

こうしたパンデミックが二度と起こらないとは断言できません。また、日本は災害大国といわれています。自然災害が多い地形的条件のため、地震や台風、豪雨による水害など日々の生活に大きな影響を与える災害が起こりやすいのです。特に日本は世界でも地震の発生頻度が高い地域でもあります。

コロナ禍では深刻な影響を受けなかったにしても、次の災害などでは自分が大丈夫とは限りません。災害を防ぐことはできませんが、万が一、予測のできないような災害にあったときでも、命を守る防災の備えに加えて、経済的ダメージにも対応できる備えをしておきたいものです。

本業以外の収入源としての「投資」

このような状況から副業・投資など本業以外の収入源をもつことに注目する人が増えています。

2022年7月には厚生労働省が「副業・兼業の促進に関するガイドライン」改定を発表しました。これは副業・兼業を希望する労働者が適切な職業選択を通じ、多様なキャリア形成を図っていくことを促進することを目的としています。副業を認める企業も増加傾向にあり、副業だけでなくｉＤｅＣｏやＮＩＳＡなどによる個人の資産形成も政府から推奨されています。どちらも運用して得た利益を非課税とすることで、より資産形成を始めやすいよう制度設計されています。

●iDeCo（個人型確定拠出年金）

ｉＤｅＣｏ（個人型確定拠出年金）は、自分で決めた額（掛金）を積み立てて、その資金を運用しながら老後の備えをする公的制度です。

掛金が全額所得控除、利息・運用益が非課税（運用中の年金資産には特別法人税がかかるが、現在は課税が凍結されている）、受取時も「退職所得控除」や「公的年金等控除」の対象となり、一定額まで税制優遇が受けられるというメリットがあります。そのため、公的年金にプラスできる「もう一つの年金」といえます。

●NISA

NISAは少額からの投資を行う人のための非課税制度で、一言でいうと「投資で増やしたお金に税金がかからない制度」です。NISAには一般NISAとつみたてNISAの2種類があります。毎年一定金額の範囲内で購入した金融商品から得られる利益が非課税になります。2024年以降の新しいNISAではさらに内容が拡充される予定です。

ともに運用商品には種類が多く、税制優遇は魅力的ではあるものの、あくまでも投資なので、元本割れのリスクに注意しなければなりません。

ＮＩＳＡでは株式投資・投資信託、ｉＤｅＣｏには元本確保型（定期預金・保険商品）と元本変動型（投資信託）の商品がありますが、ｉＤｅＣｏで元本変動型を選んだ多くの人が元本割れをしているともいわれています。いくら税制優遇といえど元本割れが発生すると非課税メリットを享受できなくなります。

そのほかにもＦＸや仮想通貨などの投資がありますが、いずれも不確定要素が強く、運が良ければ一攫千金が得られるかもしれませんが、安定的な収入源として考えるのは難しいと思います。

毎月安定的な収入が得られる不動産投資

投資に興味をもつ年代は30～50代が多く、そのなかでもいちばん層が厚いのは40代です。40～50代は子どもの教育費・親の介護費用・住宅ローンなどの支出も重なります。よくあるのは、子どもが大学を出て、ようやく教育費がかからなくなると思ったら、すぐに介護が始まるというケースです。

年収も上がってきてそれなりのお金はあるが支出も大きく、老後資金を貯めるほどの余力はない――こういう人たちには、決められた家賃収入が毎月入ってくる年金のような収入が向いています。

投資の対象となる収益不動産には、テナントや駐車場などもありますが、一般的には区分マンションや一棟アパート・マンションなど住居用の賃貸物件を購入するケースが多く、主に家賃収入を得ることを目的とします。融資が受けにくいといわれる昨今では、空き家を安く購入してリフォームを行って、賃貸に出すというような投資も流行しています。

不動産投資のメリットは入居付けができれば毎月安定的な家賃収入が得られることです。かつてよりは難しくなったとはいえ、会社員であっても不動産を担保にして融資を受けられるため、手持ち資金以上の物件購入ができます。ただ物件を購入するだけではなく、古い物件を買ってリフォームなどの方法で通常以上の収益を得ることも可能です。

きちんと建物の維持管理をして高稼働をすることで、物件が古くなったとしても収益を生みますし、オーナーチェンジという形で売却して利益を得ることもできます。

また、不動産投資は「不動産賃貸業」という事業の側面もありますが、建物の維持管理は管理会社、入居募集は賃貸仲介会社、修繕するにはリフォーム会社など、あらゆることを外注する仕組みが整っています。そのため、本業をもつ会社員であっても両立が可能です。

少額で不動産投資は始められない時代

一方でデメリットといわれるのは投資費用が高額なことです。近年は不動産価格の高騰が続いており、今は買い時ではないという意見もあります。

価格高騰の要因は主に次の3つです。

①低金利環境：低金利政策が続いていることが、不動産市場に影響を与えています。低金利により、住宅ローンの金利が低くなり、資金調達が容易になりました。これにより、多くの人々が住宅購入を促進し、需要が高まりました。

②都市部への集中：都市部や人口密集地域への人口の集中も、不動産価格の高騰を引き起こす要因となっています。都市部には雇用機会や便利な生活環境が集中しており、それに伴って住宅需要も高まっています。

③海外からの需要：一部の地域では、海外からの需要が不動産価格の上昇に寄与しています。外国人投資家や移民による需要の増加が、特定の地域の不動産市場に影響を与えています。

④地価・材料費・人件費：昨今のインフレにより地価・材料費が高騰しており、それに伴って不動産の価格も上がっています。また、建設業界は年々人手不足に苦しんでおり、人件費のコストアップも理由の一つです。

このように、ただでさえ高額な不動産であるうえに、割高なワンルームマンションを買わされて赤字になる人もいたり、そもそもお金が借りられない人がいたりするなど、ハードルの高さを感じさせる状況が続いています。

地方の空き家であっても数百万円はかかりますし、古くて安い物件ほど多額のリフォーム代がかかります。都心の区分マンションであれば数千万円、一棟アパート・マンションは場所や広さにもよりますが、１億円を超える物件もあります。

融資の難易度が上がっているなかで、融資を受けるためには社会的なステータスや高年収がないと入り口にすら立てません。具体的には社会的信用のある大手企業の社員、公務員のほか、医師や弁護士といった高額所得者が対象となり、年収が低い人や貯金のない人には難しくなっています。

さらに購入時は満室で特に修繕箇所がなかったとしても、所有している限り空室リスクはありますし、古くなった建物は不具合が起こり、修繕費用が必要となります。

たとえ空室であっても区分所有であれば管理費や修繕積立金が必要ですし、所有している限りは固定資産税・都市計画税といった税金の支払いがあります。

このように毎年の税金、建物の維持管理のためのコストも必要になります。さらに管理運営を外注するにしても委託費用がかかります。想定以上の経費がかかり、家賃収入からローン返済をして諸々の支払いをしたら赤字になってしまった……というケースも少なくありません。

ここまでいくつかのデメリットを挙げましたが、最も高いハードルとなるのは、自己資金が多額にかかることです。安い物件を現金で購入するにしろ、融資を受けてアパートやマンションを購入するにしろ、数百万円程度の資金では足りません。

しかし多額の貯金がない人、高収入ではない人は、不動産投資を諦めなくてはいけないかというとそんなことはありません。

現実的な金額で始められて、安定的な収入が得られる不動産投資として注目したいのが、トランクルーム経営なのです。

第2章

都心だからこそ
ローリスクと安定収入を実現！
少額な初期費用でスタートできる
「都市型トランクルーム経営」

収納ビジネスとは何か

トランクルーム経営について掘り下げる前に、トランクルーム事業を含む収納ビジネスが何なのかというと、荷物を置く場所としてスペースを貸し出すビジネスモデルのことです。港に昔から貸し倉庫やコンテナなどがありますが、その歴史は1931年に三菱倉庫が開設したのが始まりといわれています。

収納ビジネスを大別すると、倉庫事業者としてのサービス、非倉庫事業者としてのサービスという2つの事業形態があります。

倉庫事業者としてサービスを提供するためには、倉庫業法に基づいて国土交通大臣による登録が必要です。登録を受けるためには「保管する物品に応じた倉庫施設の基準をクリアした倉庫であること」「倉庫ごとに一定の要件を備えた倉庫管理主任者を選任すること」などといったさまざまな要件があります。

一方、非倉庫事業者のサービスは「賃貸借契約によって物品を預けるスペースを貸すサービス」を指し、トランクルームのなかにも、建物の中をパーティションで区切る「屋内型（ビルトイン型）」と屋外に設置したコンテナを収納スペースとする「屋外型（コンテナ型）」があります。

非倉庫事業者としてトランクルームを提供する場合には、登録や資格は不要となるため、土地を活用する事業としては人が住むことを前提とした賃貸事業などより初期投資も少なく済みます。

住宅地ではマイナス要因となる駅から遠い、日当たりの悪い土地、変形地など立地条件は大きな問題にはなりません。一般的な不動産投資に比べても参入のハードルはさほど高くない業種といえます。

キャンプ道具の収納やクローゼット代わりなど利用法はさまざま

実際にどのような人がどのようにトランクルームを利用しているのかというと、基本的には「年に数回しか使わないもの」を収納している人がほとんどです。改めて家の押し入れ・クローゼットをのぞくと、年に数回しか使わないものが意外に多いことに気づくのではないかと思います。具体的には次のような荷物が当てはまります。

◆季節用品

・クリスマスツリー、雛人形、五月人形、子ども用プール、浮き輪など
・喪服（礼服）、季節外の洋服
・スタッドレスタイヤ

◆趣味・スポーツの道具

・釣り道具、キャンプ道具
・ゴルフ用品、サーフボード、スキーなど

これらは日常では出番が少ないにもかかわらず場所を取ります。それゆえ、トランクルームへ預ける需要にもなるのです。

実際に利用者のなかにはキャンプへ行く前にトランクルームに寄って荷物を出し、帰り際にまた立ち寄ってキャンプ道具をしまう人もいます。

これら以外にもさまざまな使われ方をしています。

コレクタールーム

世の中にはさまざまなコレクターが存在します。他人から見たら「そんなものに価値があるのか」と思えても、本人たちは大事に収集しているものがあります。例えば過去に次のようなものをトランクルームにしまっている人がいました。

・漫画、小説などの本
・プラモデル（組み立てていないものも含む）
・ギターなどの楽器
・コスプレ
・ぬいぐるみ、フィギュア

最近では、二次元といわれるアニメやゲームのキャラクター、三次元のアイドルもメジャーから地下アイドル、しかも日本だけでなく各国のアイドルが人気を集め「推し活」と呼ばれる現象がブームになっています。「推し活」によってそれらのグッズを多数収集するファンも増え、ものが際限なく増えていきます。さらに家族の理解も得にくいので、収納場所に困るケースが多いようです。

以前店舗で出会った利用者に、プラモデルをぎっしりと詰めた部屋を見せてもらったことがあります。

趣味の部屋

屋内型のトランクルームであれば、ほとんどの場合は空調設備が完備されていますし、明るい照明もあります。また、滞在時間の制限もありません。

大きな音や臭いを出すなどほかの利用者に迷惑をかけない限り、基本的には何時間でもいることが可能です（寝泊まりは禁止）。そのため単なる収納スペースとしてだけではなく、趣味を楽しむ空間として活用するケースもあります。

衣裳部屋のような使い方をしている人もいて、私の会社が運営する杉並荻窪店では20歳過ぎの女性2人がクローゼット代わりに利用するといったケースもありました。

フリマアプリなど副業の在庫置き場

安く仕入れて適正価格で個人へ売る物販は最も手軽な副業です。最近は家にある不用品だけでなく、安く仕入れた商品や手作りの商品をフリマアプリやオークションなどで販売して利益を上げることが可能です。

かつては無在庫販売といって、在庫を置かずに転売することができましたが、今はほとんどのウェブサービス上で禁止されています。そのためどうしても在庫を家に置くことになり、荷物だらけになって困っている人が多く、家の近くにトランクルームを借りて在庫置き場にするケースが増えています。

法人利用にも期待できる

利用者は個人利用、法人利用に分かれますが、首都圏ではオフィスを広く借りると維持費が高く、個人事業主であれば自分の家とオフィスを兼ねている人も多いです。

つまり、仕事のものを置くスペースの需要があるわけです。地方であれば広いガレージがあったり、庭に物置を置いたりする余裕もありますが、土地が狭い都会ではそうもいきません。

法人の書類の保管場所

法人で扱う書類には、法律で定められた期間、保管義務のある書類があります。

例えば、総務・人事・経理で扱う書類は、会社法や金融商品取引法などで法的に期間が定められています。そのほか、契約期限を伴う覚書・念書・協定書や、定款、登記、訴訟関係書類、社規、社則など、保管する書類は業種にもよりますが多岐にわたります。

電子化が進んでいるとはいえ、まだまだアナログなところも多く、これらの書類の保管場所が必要とされています。

工事業者の機材置き場

個人事業で行う職人は自動車に機材を積み込んで仕事に出掛けます。車に乗せきれない機材で、家に置けないものをトランクルームに置くケースもあります。

飲食店の什器や家具置き場

季節物の什器に加えて、コロナ禍では、飲食店でソーシャルディスタンスを守るために席の配置を換えたときに余剰のテーブルや椅子が出ました。捨てるわけにもいかず一時的な保管場所にトランクルームの需要がありました。

このように都市部では個人も法人も、「本格的な倉庫を借りるほど、広いスペースはいらないけれど、ちょっとものを置きたい」という需要が強くあるのです。

利用者データ分析

参考までに私の会社のトランクルーム（179店舗・2023年4月調べ）の申込時の

図7　利用者データ分析（個人のみ）

年代	人数	割合
20代	193	18.29%
30代	260	24.64%
40代	281	26.64%
50代	210	19.91%
60代	93	8.82%
70代	18	1.71%
全体	1,055	100.00%

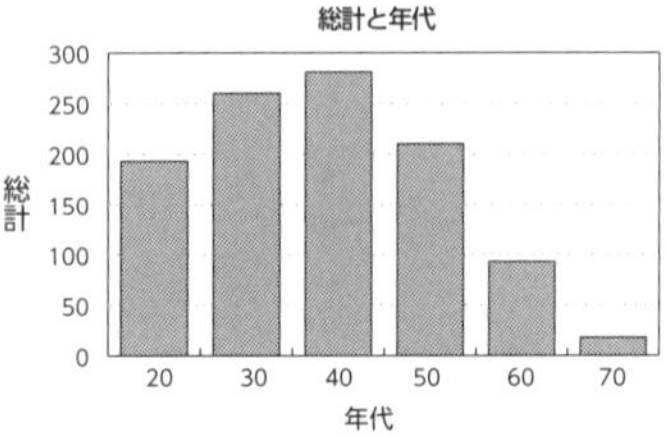

年代	本・書類	思い出の品	仕事道具	家財道具／季節用品	衣類	その他
20代	4.66%	2.59%	8.29%	40.93%	32.64%	10.88%
30代	8.08%	4.23%	13.08%	45.00%	23.85%	5.77%
40代	13.52%	2.85%	12.81%	37.37%	27.76%	5.69%
50代	21.43%	1.90%	14.29%	30.00%	24.29%	8.10%
60代	19.35%	6.45%	11.83%	31.18%	26.88%	4.30%
70代	27.78%	0.00%	11.11%	44.44%	5.56%	11.11%
全体	12.89%	3.22%	12.23%	38.01%	26.54%	7.11%

※年齢が入力されている、重複・テストを除外したデータになります

図8　利用者データ分析（法人のみ）

年代	人数	割合
20代	12	8.96%
30代	20	14.93%
40代	43	32.09%
50代	43	32.09%
60代	12	8.96%
70代	4	2.99%
全体	134	100.00%

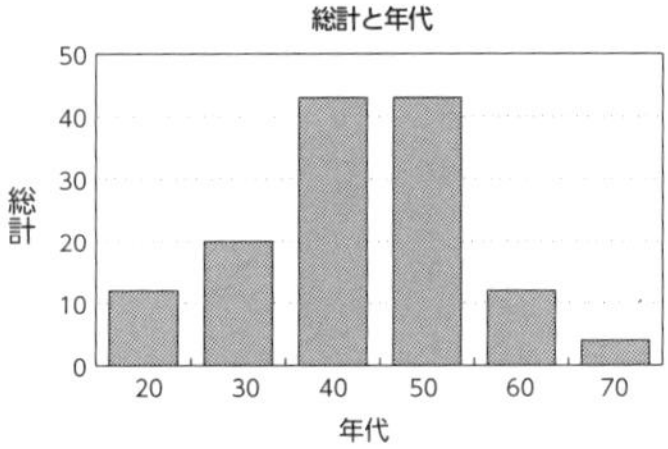

年代	本・書類	思い出の品	仕事道具	家財道具／季節用品	衣類	その他
20代	16.67%	8.33%	41.67%	25.00%	0.00%	8.33%
30代	15.00%	0.00%	65.00%	5.00%	10.00%	5.00%
40代	37.21%	2.33%	39.53%	4.65%	9.30%	6.98%
50代	39.53%	0.00%	27.91%	11.63%	9.30%	11.63%
60代	33.33%	0.00%	41.67%	16.67%	8.33%	0.00%
70代	75.00%	0.00%	0.00%	0.00%	0.00%	25.00%
全体	33.58%	1.49%	38.81%	9.70%	8.21%	8.21%

※年齢が入力されている、重複・テストを除外したデータになります
著者作成

アンケートデータを見ると、利用者のボリュームゾーンは40代で、思ったよりも若年層が利用していました。若年層では女性が多い可能性があります。利用意向は年代により異なり、全体的には「家財道具／季節用品」が多いですが、「本・書類」は年齢が高いほど多い一方で、「衣類」は年齢が高いほど少ないことが分かりました。

法人のみに絞ると、年齢層は40～50代がいちばん多く、利用目的も「本・書類」「仕事道具」が突出しています。

「仕事道具」としている企業の業界は、調べた限り建築／施工会社のほか、映像／制作関連会社やＰＲ／広告代理店が多かった印象です。

収納する荷物は、現場で使う＋大きめで場所を取るものが想定されます。

2025年には市場規模1000億円へ

投資という観点で見ると、例えば倉庫なら倉庫専門の会社がやるような事業、コンテナなら地主が自分の土地を有効活用するイメージがあり、個人投資家は手を出しにくいと思いがちです。

しかし収納ビジネスにもいろいろな形態があるため、一括りにして判断すると、せっかくのチャンスを逃してしまいかねないと私は思っています。

業界最大手のキュラーズが2020年7月に公開した「トランクルーム市場（屋内・屋外含む）に関する市場規模と成長予測に関する最新の調査結果」によれば、トランクルーム市場は過去最高となる650億円規模へと大きく拡大しています。

その理由としては「サービス認知の高まりと共に、東京23区を中心としたトランクルーム需要は依然として力強く、不透明な経済状況下においても、テレワーク・オンライン学

図９　アメリカにおけるセルフストレージ施設の平均月額レンタル費用（年別）

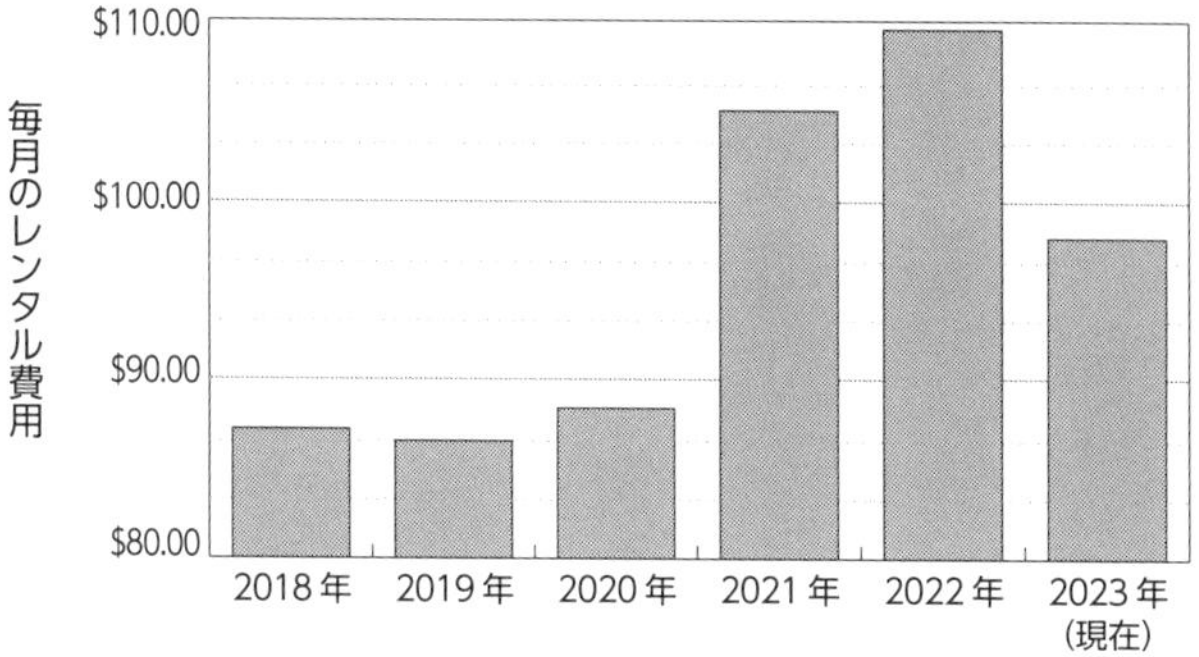

出典：「The SpareFoot Storage Beat」

習の急速な浸透をはじめとした居住環境の変化による収納ニーズの高まりや、オフィスのダウンサイジングに伴うトランクルーム需要も顕在化しつつあります」とコメントされています。

今後も同等の市場拡大が続くと仮定した場合、「２０２５年には１０００億円を超える規模へと成長する可能性を秘めている」と予測しています。

さらに、トランクルーム発祥の地といわれるアメリカ市場は、約40年間にわたり10％程度の成長を続け、約2兆円市場にまで成長しています。

２０２３年１月に更新された「セルフスト

レージ年鑑2023年」によれば、現在、アメリカでは推定 5万1206の保管施設が稼働中といいます。推定20億4000万平方フィートの保管スペースが運用されており、1人あたりのレンタル可能な収納スペースの量は6・1平方フィート（約0・3畳）です。

そして、アメリカの10世帯に1世帯（推定1460万世帯）がセルフストレージ施設を借りています。予約データによると、すべてのサイズの全国平均月額レンタル料は、2022年で月額110ドルでした。

そのほか近年では、オーストラリア・カナダ・ヨーロッパ諸国においても高い成長率を見せており、世界各国においてもトランクルームが浸透しつつあります。

このように、収納ビジネスの市場規模は今後大きな可能性を秘めているのです。

都市型トランクルームのメリット

不動産投資は投資と名が付くものの、実際には不動産賃貸業という古くからある事業で、住居系の不動産投資は、人が住む部屋を貸すことで家賃収入が得られます。トランクルーム経営もまた月単位でスペースを貸し出して、利用料を得る事業となるため、仕組みはよく似ています。ただし住居系不動産投資に比べて、優位な点がいくつかあります。

メリット① 高利回りが望める

一般的なトランクルーム経営は、パーティションで部屋に区切ったビルのワンフロアを投資家が運営業者から借りて、その転借料（管理費等含む）と売上の差額が毎月の利益となります。

初期費用は規模によりますが、敷金・礼金やパーティション代などの合計で数百万円から数千万円といったところです。

そして年間の利益をこの初期費用で割った利回りは、おおよそ10～25％です。東京都の都心部の新築ワンルームマンションで2～3％、中古であれば5％前後、郊外の新築アパートで6～7％、地方の中古アパートでも築浅であれば10％に満たない物件が多く、これらと比較してトランクルーム投資は、圧倒的に高い利回りを期待できます。

一般的に不動産投資における高利回りは、リスクの裏返しといわれています。投資家にとって、手に余るような厄介な物件だからこそ、「安く売られている＝利回りが高い」というケースが多いのです。

しかし、私が推奨する都市型トランクルーム経営に関していえば高利回りの理由がはっきりしています。

高利回りといえば「怪しい」「失敗のリスクが高過ぎる」と思われがちですが、トランクルーム経営は、高利回りなうえに非常に手堅く成功率も高い投資といえます。

メリット② 維持のための手間がなくコストも少ない

一般的なトランクルーム投資では、管理運営をすべて委託することができます。そのため投資家は問い合わせ対応や、入退去時の契約といった実務を行うことはありません。

投資家が行うのは、基本的に毎月の明細を確認して不明点があれば質問するくらいです。

この点からトランクルーム経営で得られる利益はいわゆる不労所得といえます。

退去時の確認や清掃にしても、運営会社に管理委託をしていれば投資家は退去連絡を受けるだけで何も手間がかからず修繕コストも不要です。

ちなみに退去時には運営会社がトランクルームの中を確認しますが、当然荷物が何もない状態です。多少汚れていることはありますが、生活の汚れがないので簡単にきれいになります。壁が破壊されているなど、修繕が必要になることはほぼありません。もしも、破壊行為が行われたとすれば、それは利用者に請求ができます。

あえて挙げるとすれば、まれに荷物を残していった利用者の荷物処分対応が必要なケースなどもあります。そうした出費はトランクルーム事業全体の経費で対応していることが多いため投資家が支払うケースはほぼありません。

メリット③　安定的に稼働する

首都圏の不動産価格はどこも値上がりしており、空間の価値自体が高まっているため、トランクルームにも需要が生まれます。家の価値ある空間を少しでも広く活用するため、トランクルームにものを置くことに対価を払うのは当たり前になりつつあります。

安定稼働の要因として、サブスク（定期購読、継続購入／サブスクリプションの略）のような契約方法と価格帯があります。

いくつかある収納ビジネスのなかでも屋内型のトランクルームは小スペースであり、ワンフロアを細かく区切って貸し出します。利用する人は何十人にもなるため、一人あたりの利用料はそこまで家計を圧迫するものではありません。

加えて、利用者にとっての初期費用が低いのもまたハードルを下げています。敷金・礼金などの初期費用も住宅は数十万円かかりますが、トランクルームは1万円前後と圧倒的に少ないので比較的短期間で埋まります。

また、賃貸住宅では一般的に2年契約なので、2年ごとに更新料がかかり家賃を見直すタイミングのため、そこで退去する人もいます。トランクルームの契約は○年ごとという縛りがないので、3カ月前くらいまでに伝えてもらえばいつでも解約できます。

なかには短期で利用するつもりが、荷物を引き上げるのが面倒でそのまま借り続けることもあります。スポーツクラブや習い事など、実はあまり利用していないのに、ずっと会員になっていることがありますが、トランクルームも小さい部屋であれば、こうした毎月の会費に近い価格帯となり、長く借り続けていても負担に感じる人は少ない傾向にあります。

私の会社の場合、長期の利用者は割引キャンペーンを利用している人が多いですが、短期利用者に対しては、若干割高にすることで投資家にとっての売上を確保できるようにしています。短期の顧客でも売上が高ければ、長期利用者が増えてくるまでの間の収入も安定します。

メリット④　駅近でなくても競争力がある

トランクルームは、不動産投資としては珍しく駅近でなくても高い稼働率を期待できる商品です。駅前の商店街など、駅から近い立地のほうが「便利で利用してもらいやすい」ように思われがちですが、トランクルームの入居率は、駅からの近さにほとんど左右されません。むしろ多少駅から離れた住宅街のほうが入居率は高いくらいです。

都市型というと、駅前や駅に近い商業施設に入っているイメージですが、ある程度知名度のある駅の場合は近隣の住宅街まで含めて商圏という考え方をします。

その理由として、駅近は住居として人気があるとはいえ、実際には商業地になっており、住居があっても家賃は高く、それほど人が住んでいないからです。

そもそも都市部では、駅から離れて人がまったく住んでいないという地域はほぼありませんので、人が住んでいることでニーズが確保できるのが強みになります。

そして都市部に住む人、特に単身者の多くは自動車をもっていないので、徒歩で荷物を持っていけるトランクルームを探します。仮に自動車をもっていたとしても、駅近は常に混雑しているため敬遠されがちです。

さらに駅から遠いという理由で利用料を低く設定する必要もありません。

駅から離れれば離れるほど家賃は低くなりますから、投資家としてはトランクルームを安く借りることができます。ですから駅から離れて家賃が下がるほど、高利回りを実現できるのです。

メリット⑤　築古の建物でもOK

普通の住居では築年数がかさむほど家賃はどんどん下がっていきますが、トランクルームは下がりにくいです。築何年だとしても、需要さえ満たしていれば建物の価値は関係ありません。

マンションの家賃下落率と比較してみると、ワンルームマンションの新築時は「新築プレミアム」という特別に高い家賃設定を行うことが一般的です。それは「新築に住みたい」という一定のニーズがあるためです。

そのため、築年数が経ち二巡三巡と人が入れ替わるにしたがって家賃が下落していきます。

これがトランクルームであれば目的はあくまでものの収納であり、古い建物でも荷物を収納するという目的を果たすことができれば、トランクルームとしての運営はできます。トランクルームの利用料は、建物の築年数にほとんど左右されません。なぜなら、基本的にトランクルームは最新の設備や内外装のデザイン性などを求めるものではないからです。

利用者が築年数にこだわらない証拠として、広告があります。賃貸住宅の広告には必ず築年数が記載されていますが、トランクルームの広告に記載されているケースはほとんどありません。

とはいえ、きれいな内装と汚い内装であれば、きれいなほうが好まれるものです。私の会社のトランクルームの場合、内装は一から整えるので、外観は古びていても内装は新築同様で、非常にきれいな物件になります。

ですから築10年の建物でも築50年の建物でも、立地や部屋の広さなどほかの条件が同じなら、利用料もほぼ同じになります。

メリット⑥ 税金対策になる

トランクルーム経営にかかる家賃や光熱費、広告費などのコストは、一般的な不動産投資と同様に経費計上できます。また、経費以外では減価償却による節税も可能です。

減価償却とは固定資産の取得にかかった費用の全額をその年の費用とせず、複数年（法定耐用年数）に分割して計上することをいいます。

図 10　自動車の減価償却

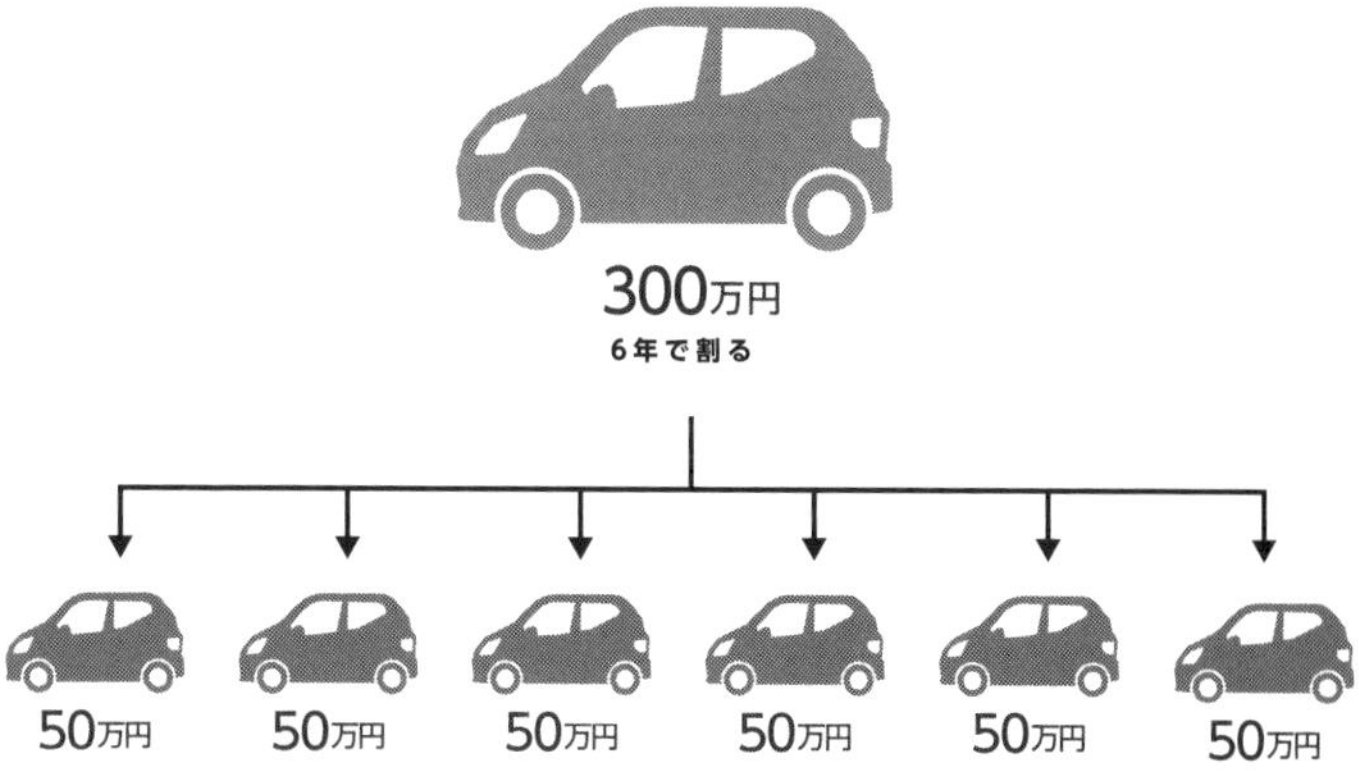

著者作成

事業のため取得する建物や機械装置、器具工具備品などの資産のうち、月日の経過とともに価値が下がるものを固定資産といいます。具体的には購入金額が10万円以上で、1年を超えて使用するために所有する資産のことを指し、事業用に購入した自動車や建物、パソコンなどの備品が該当します。

法定耐用年数とは、国で定めた固定資産の一般的な使用可能期間のことです。その年数が経過すれば価値はほぼゼロになるということを表しています。

自動車を例に挙げれば、普通車で新車の耐用年数は6年ですから、300万円で購入した自動車の場合、300万円を6年で割って6年の間、毎年50万円の費用計上ができます。

このように減価償却は現金出費なしで費用を計上できるという特性から、節税効果が期待できる会計処理の一つとして知られています。

一方、一括償却とは「取得価額が10万円以上20万円未満の固定資産」について、減価償却をせず全額または3年かけて償却することを指します。


ただし、不動産投資における節税は、収入金額だけでなく資産背景や家族構成といった個別要素が強く、「これですべて解決」という方法があるわけではありませんので、その点には注意が必要です。

メリット⑦ クレームやトラブルが起こりにくい

入居者や周辺住民からのクレームやトラブルが極めて少ないことも特徴です。そもそも賃貸住宅や飲食店と比べると外部に迷惑をかける要因がありません。人がいないから騒音がなく、キッチンや風呂・トイレなどもないため臭いや害虫も出にくいです。

もちろん、荷物の出し入れで人は出入りしますが、利用者が来るのも月に平均1～2回がほとんどです。

10部屋満室の店舗だとして、人が月に10回程度来たところで迷惑にはなりません。法人が借りていると毎日荷物の出し入れをする場合もありますが、法人の場合は平日の9時～17時など、会社の営業時間に合わせて出し入れするケースが多いため、夜中に大きな物音を立てるといったことはまずありません。

たとえ頻繁に出入りがあるトランクルームだとしても、酔っ払いが騒ぎながら出入りするわけではなく、普通の人が荷物を持って出入りするだけなので、圧倒的にクレームの要素は少ないのです。

むしろ周辺の住民からは照明で通りが明るくなり、防犯カメラがついているから安心だという好意的な意見を多くもらっています。

メリット⑧　災害や不景気にも強い

ここ数年を振り返ってみると、コロナ禍において収納ビジネスが伸び続けている事実は見逃せません。

不景気になると、個人も法人も家賃支出を下げようと考えます。ただし、住宅や事務所は安いところに引っ越せば基本的には狭くなります。狭くなると荷物の置き場所がなくなり、外に安いトランクルームを借りたほうが便利だという発想になります。

コロナ禍でリモートワークが市民権を得て、多くの法人がオフィスの見直しを行っています。コロナ禍を経て従来のような広いオフィスは必要ないと考える法人も増えました。必要最低限のオフィスに縮小することで、家賃や光熱費などの固定費を節約できます。オフィスに入りきらない書類などは、わざわざ高い家賃で事務所を借りて保管する必要はなくトランクルームで代用できます。そういうところでも法人需要が得られています。

個人の利用でいえば、ワンルームなどが多いシングル世帯は部屋のスペースが足りないケースが多いですが、ファミリー世帯でも子どもが増えれば部屋が足りなくなります。不景気で給料も上がらない状態では家賃の高い広い家には引っ越せないので、トランクルームに荷物を置いて家の1部屋を空けることを考えます。このように、不景気であってもトランクルームの需要はむしろ増えています。

逆に景気が良くなれば、たくさんものを買うようになるので、今度はものが余って置き場所がない状況ができます。つまり、景気に左右されずに需要が旺盛というすばらしい業態なのです。

メリット⑨　都市部で不動産投資ができる

不動産投資をしている人にはより良い立地で不動産投資をしたいという願望があります。とはいえ普通のサラリーマンが都心の好立地で不動産を購入するのは現実的ではありません。

もしも購入できたとしても、ワンルームマンションがせいぜいですが、今の市況ではかなりの狭小物件であっても、何千万円もする状況です。かなりの低利回りとなり利益が見込めません。

なんとか都内でアパートやマンションなどの一棟投資をできたとしても、最低でも物件価格の2〜3割の初期費用がかかりますし、資金を回収するための利回りやコストまで考慮すると、非常にハイリスクになります。ましてや商業地への投資は、個人ではよほどの富裕層しかできない投資です。

対して、普通のサラリーマンでも無理なく投資できるのが、都市型トランクルームの強みです。お金は人がいる場所で動きます。それゆえビジネスで成功したいなら、できるだけ人の集まる場所で行うべきです。

日本で最も人が集まる場所といえばいわずと知れた東京都です。東京都は、人口減の日本において最後まで人口が増え続けるといわれています。

2020年に新型コロナウイルス感染拡大の影響を受けて「都会から地方へ人が移っている」というニュースを耳にした人もいると思います。

事実、2022年8月に総務省より公表された「住民基本台帳に基づく人口、人口動態及び世帯数（令和4年1月1日現在）」によれば、三大都市圏（東京圏、名古屋圏、大

図11　都道府県別転入超過数（2021年、2022年）

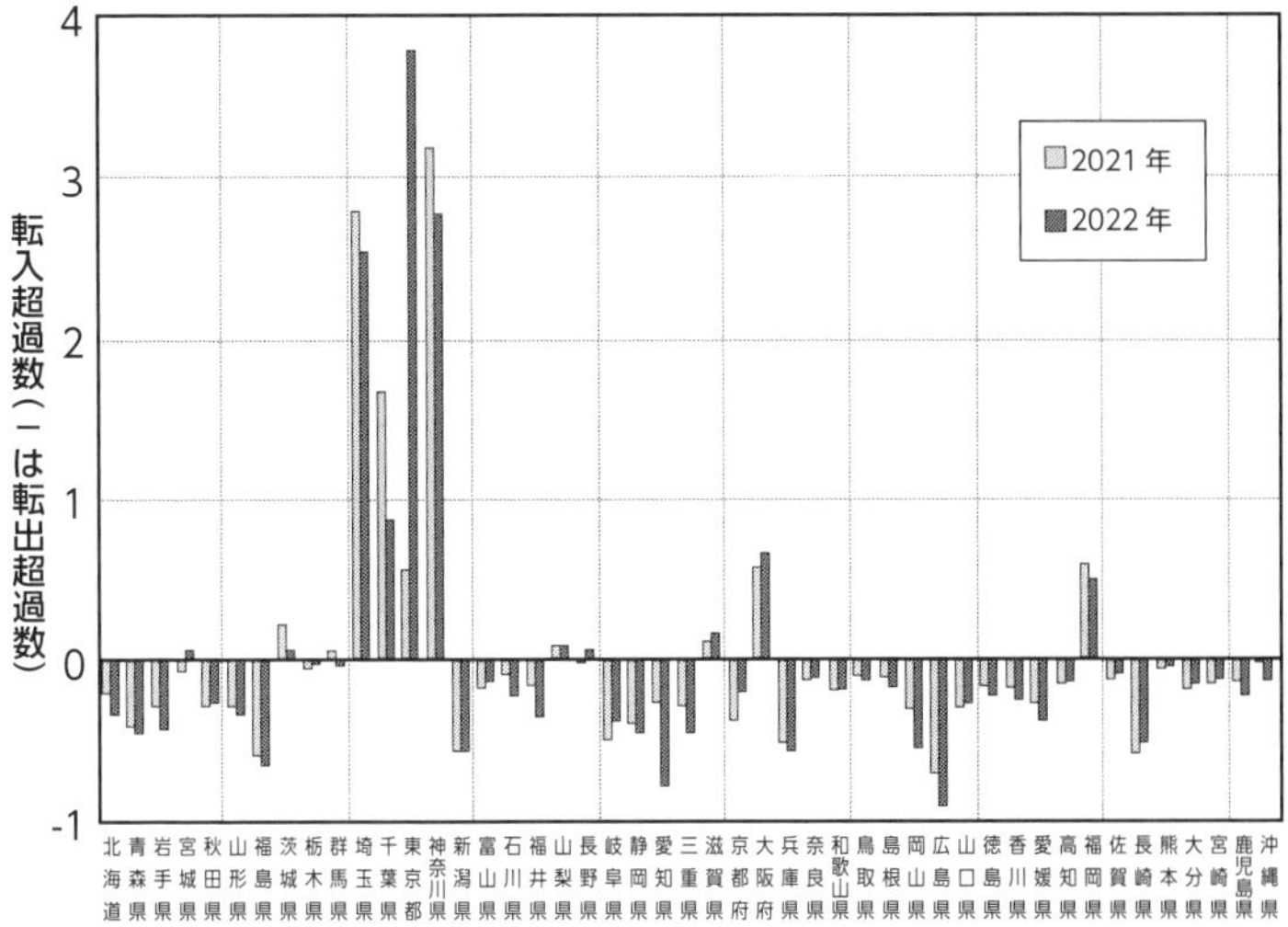

出典：総務省統計局「住民基本台帳人口移動報告　2022年（令和４年）結果」

阪圏）の人口動態では２年連続の減少となりました。日本人住民では首都圏（東京、埼玉、千葉、神奈川）の日本人は前年比３万４４９８人減の３５６１万１１５人で、１９７５年の調査開始以降初めて減少、中部圏と近畿圏の人口は引き続き減少していると報じられました。

しかし、人の動きは流動的であり、すでに戻ってきています。

２０２３年１月に公表された総務省統計局「住民基本台帳人口移動報告　２０２２年（令和４年）結果」に

よれば、三大都市圏（東京圏、名古屋圏、大阪圏）の転入超過数は、三大都市圏全体では8万9954人の転入超過で、前年に比べ1万5081人の拡大となりました。

首都圏に限っていえば、2022年は9万9519人の転入超過となり、前年に比べ1万7820人の拡大となっています。具体的には、2月、3月および4月は前年同月に比べ減少したものの、1月から6月までは転入超過となりました。

7月は再び転出超過に転じたものの、8月にまた転入超過に戻り、以降5カ月連続の転入超過。首都圏の転入超過数は緩やかに拡大傾向にあるといえます。

数ある投資対象のなかでも、立地条件の良さをダイレクトに享受できるのは不動産投資です。株式投資やFX、仮想通貨などは、どこで行おうが成功の確率は変わりませんが、不動産投資では立地が最重要です。

いくら不動産が安いからといって需要のまったくない地方の過疎地を選べば成功する可能性はゼロに等しいですが、人が集まる東京・千葉・埼玉・神奈川といった首都圏、大阪・兵庫といった近畿圏の都市部に絞り込むことにより、成功率は格段と上がります。

しかし人が多く住む需要がある立地ほど地価が高いのは当然で、特に首都圏の好立地でいえば新築アパートならば1億円以上、中古ワンルームマンションでも築年数にこだわれば2000万円はくだらないと思います。

サラリーマンをはじめとする一般的な投資家にとって購入は現実的ではありません。ところがトランクルーム経営の場合は不動産そのものを購入しなくても、借りて行うことが可能です。

そのためアパート・マンション投資の半分から10分の1の資金でスタートすることができます。それでいてほかの不動産投資と同様に立地条件の良さを十分に享受できるのです。

東京や大阪の都市部というのは一つのステータスではありますし、ニーズから考えても安心感があります。長期的に不労所得を得たいと考える人にとって、好立地で行うトランクルーム経営は定期収入を得る手段として優れています。

都市型トランクルームのデメリット

トランクルーム経営が必ず成功すると言い切ることはできません。投資に絶対や必ずは存在しないものです。

デメリットは大きく次の2点が挙げられます。

デメリット① 自己資金が必要

投資信託やFXは1万円程度の自己資金で始めることができます。株式に関しては銘柄により金額が変わりますが、10万円あればある程度広い選択肢から購入することができます。

これくらいの金額は普通のサラリーマンならばすぐに用意できるはずです。しかし一般的なトランクルームは、1店舗(30〜50室前後)のオーナーとなるため初期費用として、敷金・礼金または保証金に、室内の改装費を合わせて500万〜1000万円前後が必要となります。

1億円以上必要なアパート・マンション投資に比べれば安価ですが、一般的なサラリーマンなどにはハードルが高いのではないかと思います。

デメリット② 満室まで時間がかかる

トランクルーム経営の成功のカギは、周辺住民に施設の存在をどれだけ知ってもらえるかです。それだけで入居率は大きく変化します。

というのもトランクルームは、コンビニエンスストアやスーパーマーケット、ドラッグストアのように誰もが知っている生活の必需となるような業種ではありません。引っ越してすぐに近所にあるかどうか探すようなものではなく、必要性を感じてからやっと探すことが多いものだからです。

そのため、オープンしただけでは集客できません。

開業すれば、ある程度の入居はありますが、短期利用も多いため出入りが激しく、長期利用者で安定して稼働するためには数年を要することもあります。

できるだけ早期に満室にするためには、認知度をアップさせることが重要です。そこで開業時に大きく広告を打つことが効果的となるのです。

広告の種類としては、店舗前の看板をはじめ、チラシのポスティング、「ＬＩＦＵＬＬトランクルーム」「ｅトランク」などのトランクルーム賃貸ポータルサイトへの広告出稿などがあります。

いずれの広告も経費がかかり、満室でなくても利益の出る稼働に持っていくまで時間がかかればかかるほど、広告費もかさみます。

この2点さえクリアできれば、成功の確率は格段にアップするのです。

「ハードルを下げること」それが発想の原点

トランクルーム経営はそもそもマンションの一棟オーナーが、埋まりにくい1階の部屋をトランクルームとして運用しているケースが多いです。そのため、メジャーなトランクルームの会社はワンオーナー型が主流です。

ワンオーナー型では、不動産オーナー、またはワンフロアを借り上げるだけの財力がなければできません。

私の会社ではトランクルームの1店舗の部屋を、分割して販売することで、トランクルームの区分投資を可能としています。

トランクルームは事業のカテゴリーに入るため、普通の不動産投資のように融資や設備投資が受けられず自己資金で始めるしかありません。

ワンオーナー型だと一般のサラリーマン投資家ではハードルが高くなかなか手が出せな

くなっています。それを区分にすることによって誰でも投資できるようになったのです。

これは非常に珍しいシステムで、今までどのトランクルーム会社でも、その発想がありませんでした。というのも単価が低い契約をいくつにも分けているため管理に手間がかかるからです。このような理由もあり同業他社で同じような仕組みで行っている会社は存在しません。

他社ができないような面倒で大変なことをなぜしているのかというと、それは私が不動産投資のハードルを下げたいという想いで会社を設立したからです。ワンオーナーという縛りを取って区分型の投資を実現し、誰でも投資できるシステムをつくりました。

区分投資することで多くの投資家が集まり、スケールメリットがつくれることでいろいろなことに対して有利に働きます。

店舗数が多ければ利用者を募る広告が出しやすくなりますし、投資家に対してはどの店舗に投資するかなど選択肢を多く用意することができます。資金がなければ1契約でも問題なく、余裕があれば10契約に増やすなどリスク分散をすることもできます。そういう選択もできます。

分散もできるし、スケールメリットももたせることができるし、小規模でもできる。これが区分投資の大きなメリットなのです。

少ない初期費用で安定収入を実現！

私の会社のトランクルーム経営への投資は、初期費用の少なさが魅力です。

かつて23区内の区分マンションが１０００万円で購入できた時代がありました。今は同じ値段では買えなくなっています。購入してスタートする住居系不動産を対象にした投資を都心で始めるためには、最低でも物件価格は数千万円になります。融資を受けることができたとしても自己資金が必要です。

なかには頭金は10万円でＯＫ！という謳い文句で集客している不動産会社もあります

が、その場合家賃収入だけではローン返済ができず、毎月持ち出し（＝赤字）ということになります。

もちろん空室になってしまえば収入はゼロになってしまいローン返済額をまるまる給与から支払うリスクもあります。ローン返済期間は30年間、その間はずっと毎月数万円の支払いがあり、空室になれば10万円以上の支払いになるケースもあります。

一方トランクルーム経営は、利用者から毎月定期的に利用料金を受け取るので利益が大きく変動することはありません。１契約の初期費用が１５０万～２００万円であれば年間15万～20万円の収入が見込めます。私の会社のトランクルーム経営では店舗にもよりますが、稼働率85％くらいで月2万円ほどの収入となります。

私の会社が推奨するように、１契約だけでなく複数契約をして、少なくても3店舗、できれば10店舗程度まで運営する戸数を増やすことができれば、収入がゼロになる可能性は限りなく低いといえます。

多くの人はまず1契約で始めていきますが、軌道に乗せたあとは複数契約を望まれるケースがほとんどです。大半が資金１０００万円程度を見ており、５契約で年間１００万～２００万円の収益（月10万円程度の手取り収入）を目指していることが多いです。

私の会社のトランクルーム経営は15年程度の期間で事業計画が立てられており、長くやればやるほど利益が出るため、それを老後資金として貯蓄していくことができます。早くから始めて、コツコツと積み上げれば老後の不安解消に役立ちますし、次世代に引き継ぐことも可能です。

20代の人が将来のために始めるケースはもちろん、すでに現役を引退した人がトランクルームを自分名義で契約したあとに、子どもや孫に名義変更して引き継ぐ場合もあります。

給料を月2万～3万円増やすのは大変ですが、投資や副業で月数万円ならそこまで難しくはありません。

トランクルーム経営は、始めたら即大金が入るというビジネスモデルではありませんが、１００万円台の投資に対して、月数万円得られるような堅実な事業なのです。

第3章

実質利回り15%超、高稼働を叶える！1年目からハイリターンを得るためのポイント

広告費用をオープンから1年間負担

ニーズがあるのにもかかわらず貸し出しスペースが埋まるまでに時間がかかることは、トランクルーム経営におけるデメリットの一つです。この最も大切な集客をどうするのかについてはさまざまな方法があります。

個人を中心にスペースへの多様なニーズがあるなかで、トランクルームは比較的割安で利用することができます。

ただし極端に安い場所では汚れていたり、空調が甘かったりすることもありますので、価格は高過ぎずに設備はしっかりしているというほどよい加減でニーズを満たすことが重要です。

トランクルーム経営の初期段階では、短期の利用者が使用する比率が高いです。次第に短期利用者が出て長期利用者が残っていきます。長期で使えば使うほど収納物も増え、解約するのも大変になり、より長期利用者の割合が高くなります。その結果、安定した定期収入につながります。

基本的に短期利用者は引っ越し絡みが多いです。引っ越しの間に家具を入れたり、一時的に大きなものを家から出したりするときに利用されます。

そこから短期で借りる人が抜け、徐々に長期利用者で満室になっていくにはおよそ1年を見ています。感覚的には、10件契約があれば1～2件は短期利用になる印象です。

一般の不動産投資に比べれば初期費用は少ないとはいえ、集客がなければ始まらない投資であり、それなりの費用はかかります。

通常、満室にするためには最初に多くの広告費がかかります。例えばポスティングであれば店舗から周囲2～3キロ圏内へのチラシ配布で1回10～30万円くらいの費用がかかってしまいます。ネット上で広告を出すにしても、結果を出そうとするのであれば1カ月50万～100万円（1店舗で広告展開した場合）のコストは必要です。

他社では、投資家が広告費を負担しなければならない仕組みのところが多いです。つまり広告費をかけられない人は収益が上がらないリスクがあります。

私の会社では、投資家の持ち出しを極力減らすため、開業から1年間は広告費の負担をしています。その理由は、最も重要な稼働率を1年間で大体70~80%までもっていけるからです。最初の1年間は住民への周知や広告にコストをかけて顧客をどんどん集めます。

1年経てば稼働率が上がって、広告は必要なくなります。2年目以降の広告費は、トランクルーム賃貸ポータルサイトに掲載する料金の5000円くらいで済みます。それを契約数で割るため一人あたり500円程度で事業計画を立てることができているのです。

ただその後は、赤字になるような広告を出す必要はありません。例えば、1年半経ったときに5部屋一気に人が出ていったとしても、近隣の店舗と合わせてポスティングするなど、広告費をかけない工夫をしてできる限り投資家に負担をかけない運営をしています。

必ず結果の出る広告戦略

稼働率はニーズによるものでありますが、開店当初ではまず利用者に周知させなくてはいけません。店舗の周知については、広告次第で高めることができます。

広告戦略① リスティング広告　店舗数が多いから勝負できる

リスティング広告とは、インターネット広告の一種で、検索エンジンでユーザーが検索したキーワードに連動して、検索結果にテキスト形式で表示される広告です。「検索連動型広告」「検索広告」とも呼ばれ、ユーザー自身が検索したキーワードに合わせて広告が表示される仕組みとなるため、そのサービスや商品を探しているユーザーにアプローチできるという特徴をもちます。

クリックごとに広告主に費用が課金されるので、お金をかければかけるほど閲覧者が増える仕組みです。検索数に上限がありますので、もちろん無限ではないですが有効な宣伝ツールといえます。

私の会社ではさまざまな広告を試してきましたが、店舗がかなり増えてきたときに大きな額をつぎ込んだのは、このリスティング広告でした。前月にウェブ広告からの申し込みが200件あったのに対し、出稿費を増やしたらすぐに300件に増えました。

ただしこの手法は、店舗数が多い私の会社だからこそ使えるものではあります。リスティング広告はその性質上、競合他社と顧客を奪い合うことになります。そのため、競合に負けない認知度や店舗数がないことには勝負になりません。1店舗だけでリスティング費用をいくらかけても効率は低く、1契約あたりの単価がとんでもない金額になってしまいます。

そもそも稼働率を上げるために広告宣伝費をしっかり使えるのは、ある程度の規模があることが前提です。特に地主のようなワンオーナー型なら、そこまでの予算はかけられませんし高い効果も望めません。自社ビルのトランクルーム運営を他社に依頼しているような場合は、広告費に大きな額を使うのは難しいと考えるのがよいです。

長い間個人運営を行っていたトランクルーム店舗を買い取り、私の会社のトランクルームに変え、広告展開したところ瞬く間に満室となった例もあるくらいです。

広告戦略②　ポスティング　4～5カ月連続で行うのがコツ

私の会社では、まずオープン前に、見学会への案内を記載したチラシを近隣へポスティングします。翌月以降は見学会を実施しないものの、通常の利用募集のためのチラシを周知や認知が済むまでの間まいていきます。

広告宣伝費は、開業時にポスティングに100万円、リスティング広告はグループ全体で1カ月あたり1000万～2000万円程度かけています（繁忙期などシーズナリティによる）。

その甲斐あって、今やGoogleの検索広告のインプレッションシェアで業界最大手の会社と並ぶまでになりました。検索した際に私の会社のトランクルームが表示される確率が高いというのは、需要を競合に取られないための対策が整っているということです。

トランクルームへの需要は常に一定数あるので、しっかり周知できれば稼働率にヒットさせられます。

このように高稼働に導く広告戦略をもてるようになったのも、数々のトライ&エラーを繰り返した結果です。私の会社が運営する店舗が少なかった頃は、なかなか広告費を捻出できませんでした。そのため、ポスティングを開業から毎月連続で行うこともありませんでした。

開店時、3カ月後、半年後というように、ある程度、間を空けてポスティングを行っていたのですが、ポスティングは毎月連続で行うほうが効果的ということが分かってきたのは、しばらくあとのことでした。

こうしたデータの積み上げと規模拡大ができてからは、効率よく集客を行いスピーディーに高稼働へつなげていくノウハウを得ることができました。

広告戦略③　タイミング　先々の広告出稿量をコントロール

広告はタイミングもまた重要です。周知や認知に要する期間を読んだうえで出稿しなければなりません。例えばオープンから稼働が良く、立ち上がりが早い店舗では最初に利用し始めた人たちが３カ月や半年、１年など一定期間経ったところで一斉に退去するタイミングが生じます。

広告を打ってから成約に至るまで時間を要するので、このようなときは退去者が出たあとに慌てて広告しても追いつきません。稼働率が１００％で黒字の状態であれば、募集の広告は打たず露出場所は「ＬＩＦＵＬＬトランクルーム」や「ｅトランク」のみでよいと考えがちですが、先を読み広告を運用していくことが安定した稼働率を築くコツです。

トランクルームの利用そのものに繁忙期があることも、念頭においておく必要があります。春先など引っ越しの多い時期は、トランクルームの退去者・新規利用者が多い時期です。季節需要の推移は、住宅街型と商店街型で個性がありますので、動向の癖を読みながらどの広告を打ち手として使うかを検討します。

このように複数の広告戦略があります。投資家へは、事業計画書で広告に割いている費用など、ある程度の広告計画は出しているものの、こうした広告戦略の全貌や、個々の店舗の広告戦略の細かいところまでは伝えていません。

しかし、常にマーケットを研究しながら、いかに効果的な集客を行うのか、広告宣伝に注力している点は、強みの一つです。

地域によって異なるトランクルームの稼働率推移

トランクルームの稼働率は広告の打ち方で変わってくるものです。オープン時にはポスティングをすると上昇し、その後少し落ちついて、ある程度周知されたときにまた上昇する、というように上昇する印象です。

図12　杉並区Ｏ店 稼働率推移

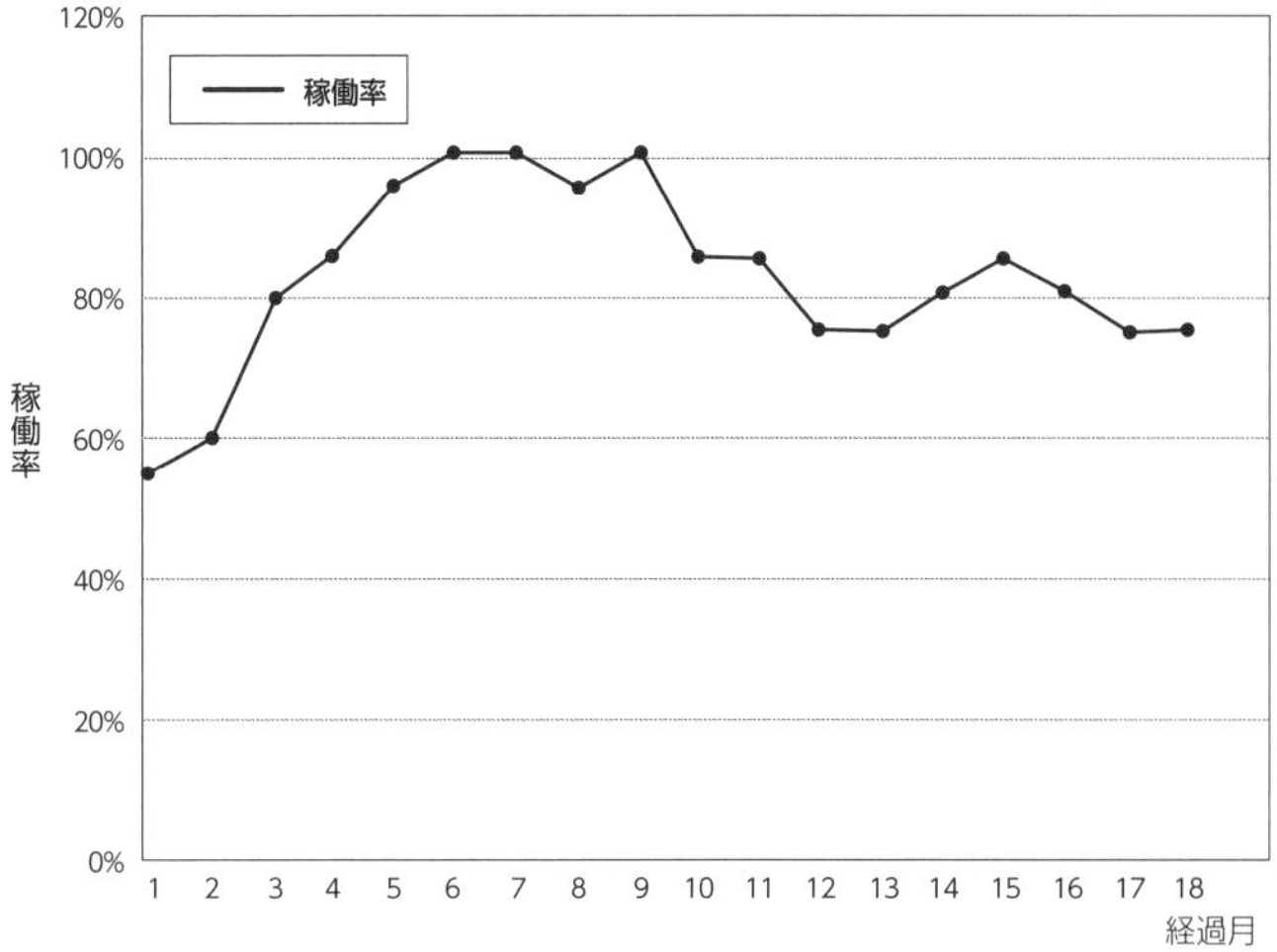

著者作成

図13　台東区Ｙ店 稼働率推移

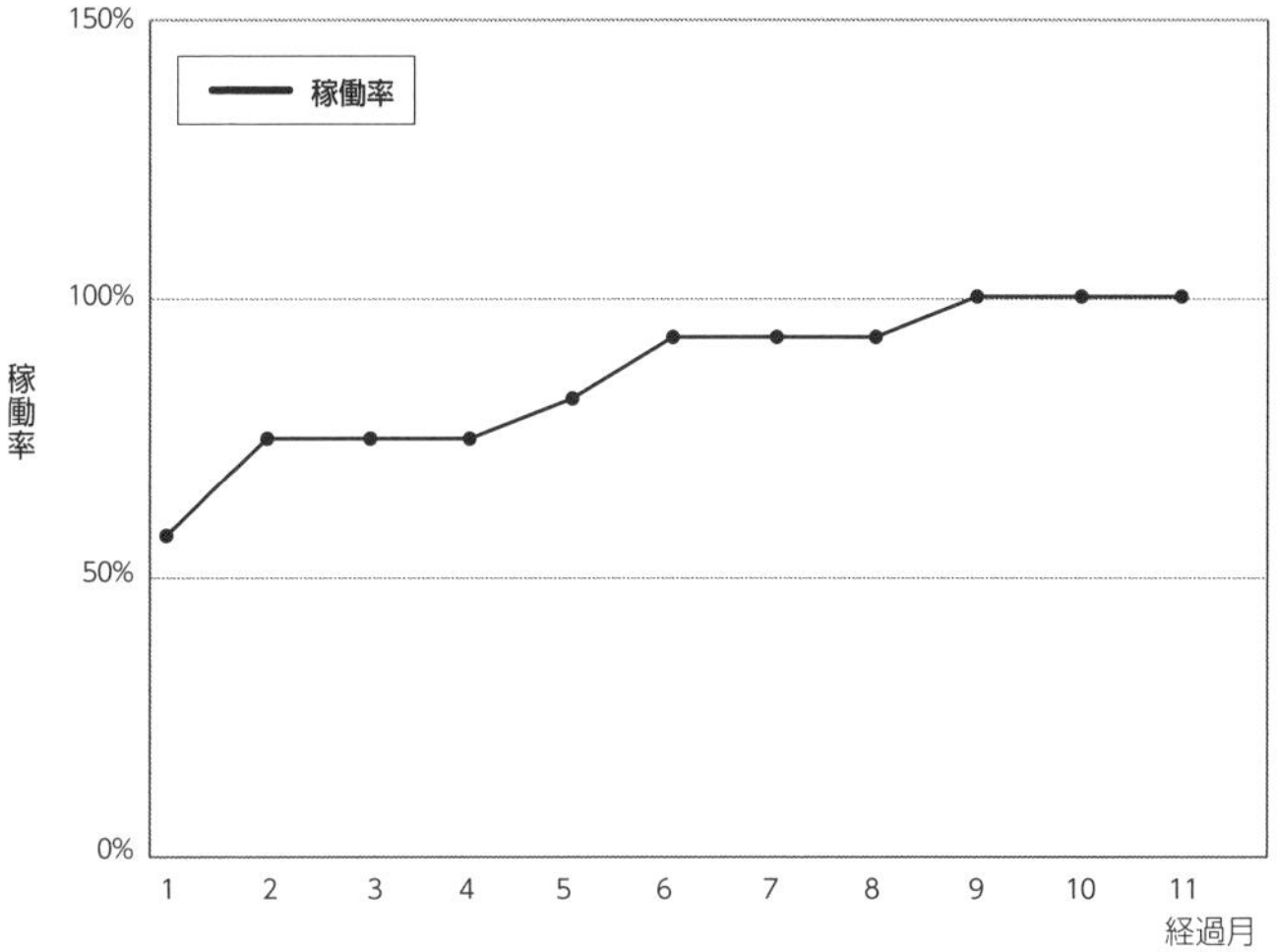

著者作成

グラフを見ると、O店は商店街にある店舗ですが急に上がるタイミングがあるのが分かると思います。最初から好調だったのが、O店とY店のグラフと見比べても明らかだと思います。

Y店は最初に上昇しましたが、そこから6カ月ほぼ変化がありません。その後にまた急に上昇したのちは横ばいが続きます。

上昇するタイミングは、周知や認知が広がった結果、問い合わせが増えている状態なのだと読んでいます。上昇したあとに落ちついている間も、私の会社では広告を出し続け、その広告を見た人たちがあるとき一斉に問い合わせを始めます。場所にもよりますが、この上昇傾向はほぼ全店共通です。

ほとんどの店舗が1年目で損益分岐点を超える

こうした広告戦略の結果、年間の平均稼働率は1年目だと65〜70%です。もちろん店舗に想定外の事態が生じた場合はイレギュラーに落ち込むパターンもありますし、入れ替わりによる増減幅にはエリア性も影響します。都内だと少し高めで75%です。

私の会社では損益分岐点をなるべく早く超えることを目標としています。稼働率の目安は、60〜70%です。店舗によってはもう少し低いところもありますが、平均するとこの幅に収まります。

今ではほとんどの店舗が、1年目で損益分岐点を超えます。開業後1年のタイミングでギリギリ超えられない店は、10店舗中3店舗ほどです。

多くの投資家は複数契約しているので、例えばマイナス1000円の店舗があったとしても、もう1店舗が例えばプラス1万2000円といった形になり、トータルするとプラスになります。

利回りの上がり方には複数パターンがある

おおよその場合、1カ月目の売上の振込額は1000～2000円です。なかには1カ月目で不安を感じ、心配をして連絡をする投資家がいます。

1年目は投資家の広告費負担がないため、売上のほとんどは投資家に入ることになります。ですが、稼働率を上げることを目的としている1年目前半から一気に売上の振込額が高額となることはまれです。

稼働率が100%の場合の利回りは20%前後ですから、例えば初期投資額が100万円なら稼働率が50%の場合年間総額で10万円程度です。その計算ができると、振込額の目安が分かるはずですが、特に稼働率が上がるまでの間の月額としてのイメージがつきにくいようです。

トランクルーム経営はある程度の時間を使って満室になるものです。初月からたくさん埋まるのはまれですので、株の配当のように初月から平均値が期待できるわけではありません。そして、稼働率の上がり方は店舗によってまちまちで、すべての店舗がきれいに右肩上がりで成長していくようなものでもないです。

各物件あたり0か100かというワンルームマンションともまた動き方は異なります。稼働率が高まり毎月定期収入になれば株や投資信託の配当に近いイメージですが、ある程度の稼働になるまでは、不安定な数字となるケースもあります。その辺は、株や投資信託の配当とは異なる投資であることは、事前に知っておく必要があります。

短期利用者の客単価は高め

売上を考えたときに開業月に入ってくる利用者のなかに、短期の利用者が一定数いることも留意しておく必要があります。

開業当初は出ていく数より入ってくる数のほうが多いので、そこまで大きく影響するわけではありませんが、入れ替わりがあり利用者の増え方がなだらかになります。

売上を考えたとき、短期の利用者が一定数いることを留意しておく必要があります。短期利用者の多くは3カ月程度の利用です。短期であることは前もって分かっているため、割引が適用されるキャンペーン価格では貸し出しをしません。

私の会社が打ち出している金額、つまり定価のようなものに10％程度上乗せして貸し出しますので、客単価が上がり、短期利用者のいる期間の売上は通常時よりも高くなります。

一方、長期利用のキャンペーンにはさまざまな種類があります。半年以上の利用で3カ月間の利用料金を10％オフや、1年以上の利用であれば3カ月間の利用料金をフリーレントとするなどです。いずれも、投資家の広告費負担がない1年目に稼働率を70～80％に引き上げるための施策です。

賃料を少し上げるのは、おおむね、利用期間が半年以上経った時点です。そのため稼働率が１００％の場合のみ、売上が１００％を超えるケースもあります。

長期利用者には値上げを

意外に感じるかもしれませんが、トランクルームの月額料金の値上げを伝えても解約するという人はほとんどいません。

値上げといっても1室につき５００円や１０００円程度ですが、このくらいの値上げは仕方ないという反応が多いです。

対して住居系の不動産投資になると築年数が経てば経つほど不動産価値が下落していくのが一般的です。どんなに都会であっても空室はありますから、常にライバル物件とも比べられています。

そのため家賃の値上げを行うためにはリノベーション工事をして部屋をきれいにしたり、

住宅設備を最新のものに交換したりするなど、付加価値を付けることが必要不可欠となり多額のコストがかかります。

それがトランクルームの場合、そもそもの価格帯が安いため、その人の生活に欠かせないサービスに対して500円、1000円値上がったとしてもやめようとは思わないのです。

また、家賃を上げる対象を長期の利用者にしています。値上げをしたら解約が増える懸念もありましたが、意外に解約は少ないことが分かりました。

つまり、トランクルームが使えば使うほどより生活に欠かせないものになっている証です。また一から安い場所を探すのも大変で、荷物を動かすのはさらに大変というのも理由ではないかと思います。

入居審査でリスクを軽減

今の時代、住居系不動産投資において家賃保証会社は必須です。例えば、高齢者が入居候補者なら、きちんと働いている子どもに契約してもらうなどしてリスクヘッジをかけるのがオーナーとしての一般的な考え方です。

これがシェアハウスなどになると急に条件が緩くなり、細かい審査がなくなります。その代わり定期借家契約（更新のない契約）にして、普通賃貸借契約は結ばないようになります。

トランクルームの場合、普通賃貸ほど厳しくなく、問題があれば解約させるのは難しくありません。

実際、私の会社では利用者の審査をしており、クレジットカード払いが問題ないかを判断して、厳しそうな人は家賃保証会社を通さないと契約できない仕組みにしています。

しっかり審査をして家賃保証会社を通したきちんとした運用をしていることは、投資家にとって安心材料になるはずです。

運用開始初期の頃は、利用料が引き落とされず、連絡もつながらず、荷物を置きっぱなしでいなくなるようなトラブルもありました。今の体制になってからはそういう問題はほとんどありません。

投資家としても、運営委託しているから基本的には何も関わらないにしても、トラブルが多発していたら不安です。運営会社がトラブルを処理する能力があることはとても重要です。

万が一の際、リスクは限定的

万が一、トランクルーム経営で思うような利益が上げられなかった場合、最大限に失う金額が限定的であることも大きなメリットです。

初期投資額を失うといえば、「ええ！　お金を損するなんて……」と驚かれるかもしれませんが、不動産投資といえば多額の融資を受けて元手以上のハイレバレッジがかけられることが特徴です。

よくあるのは割高なワンルームマンションを購入してしまい、売却するには購入した値段よりも下げて売らなくてはいけないというケースです。

その場合、売却できたとしても残債により、売却して投資を手仕舞いするために持ち出しが何百万円もかかるのです。

ほかにも、過去に不動産投資への融資が積極的だった時代がありました。その頃はある程度の年収があれば億を超える融資も出ました。しかし流行に乗って地方の大型物件を購入したサラリーマン投資家が、のちに空室だらけでローン返済もままならない苦境に立たされることもありました。

一方でトランクルーム経営は手持ち資金で始めることができて、万が一失敗をしてもトランクルーム自体は借りもののため、簡単に撤収できるのも強みです。所有前提の不動産投資に比べれば、明らかに低リスクです。

手仕舞いもしやすく、多少失敗しても傷が浅く済むのは、高利回りの裏返しとしては許容できる部分ではないかと思います。

もちろん、失敗しないに越したことはありませんが、失敗しても損失は限定的であることが分かっていると安心して始められます。

運営会社は複数ある

もう一つ挙げられるリスクとしては管理運営会社の倒産です。トランクルーム経営で不労所得が実現できるのは、投資家の代わりに実務を行う管理運営会社の存在があります。

管理運営会社の倒産に関して、心配する人が多いようで「どうなってしまうのですか?」と、よく質問を受けます。

これについては、ずっと一社に任せておけるのが、理想ではありますが、住居系の不動産投資と同様で、管理運営会社というのはたくさんあるので、万が一のときは他社に委託することができます。

たった一社が倒産したから、すべてが終わりというものではありません。

エリア分散で利益と安定感を実現

安定的な収入を目指す場合、エリア分散で数カ所契約を結ぶことでアパート・マンション投資を上回る利益も狙えます。同じ額で投資するならトランクルームのほうがメリットは大きいと考えています。

アパート・マンション一棟の価格を考えれば、トランクルームであればエリアを分散して何店舗でも運営できます。極論をいえば１億円なら１００店舗も可能です。幅広くエリア分散投資をすれば低リスクでハイリターンな事業計画が組めます。

エリア分散投資の組み合わせでは、都内で分散している人がいちばん多く、広いエリアでは大阪と東京が多いです。

店舗の規模や投資家によって好みはありますが、エリアをバラしたり、店舗の規模もなるべく変えたりするケースが多いです。

知っておきたい店舗規模による特徴とは

分散投資をするためには、店舗の規模による特徴を知っておいたほうがよいです。店舗の規模には、大規模、中規模、小規模店舗があります。目安ですが、小規模だと最小12室として20室以下、中規模で50室程度、大規模だとそれ以上という感じで分けられます。

店舗規模による特徴をいえば、まず大きい店舗だと契約数が多くなります。中型、小型とどんどん契約数は減っていきますが、投資家一人ひとりの１契約あたりのコストは変わりません。規模が大きくても小さくても、ランニングコストは変わらないからです。

大型店舗のほうが満室になるまで時間がかかるため、１人あたりの売上が大きくなるまでには時間がかかります。

一方、小型の店舗は利益が上がるのは早いですが、利用者が退去するとすぐに売上は下がってしまいます。大型店舗であれば、１人２人抜けても１契約あたりに換算するとさほど売上は変わりません。

このような特徴を踏まえ、エリアによる分散と合わせて、店舗規模の組み合わせをしている人もいます。

図 14　分散投資組み合わせのパターン

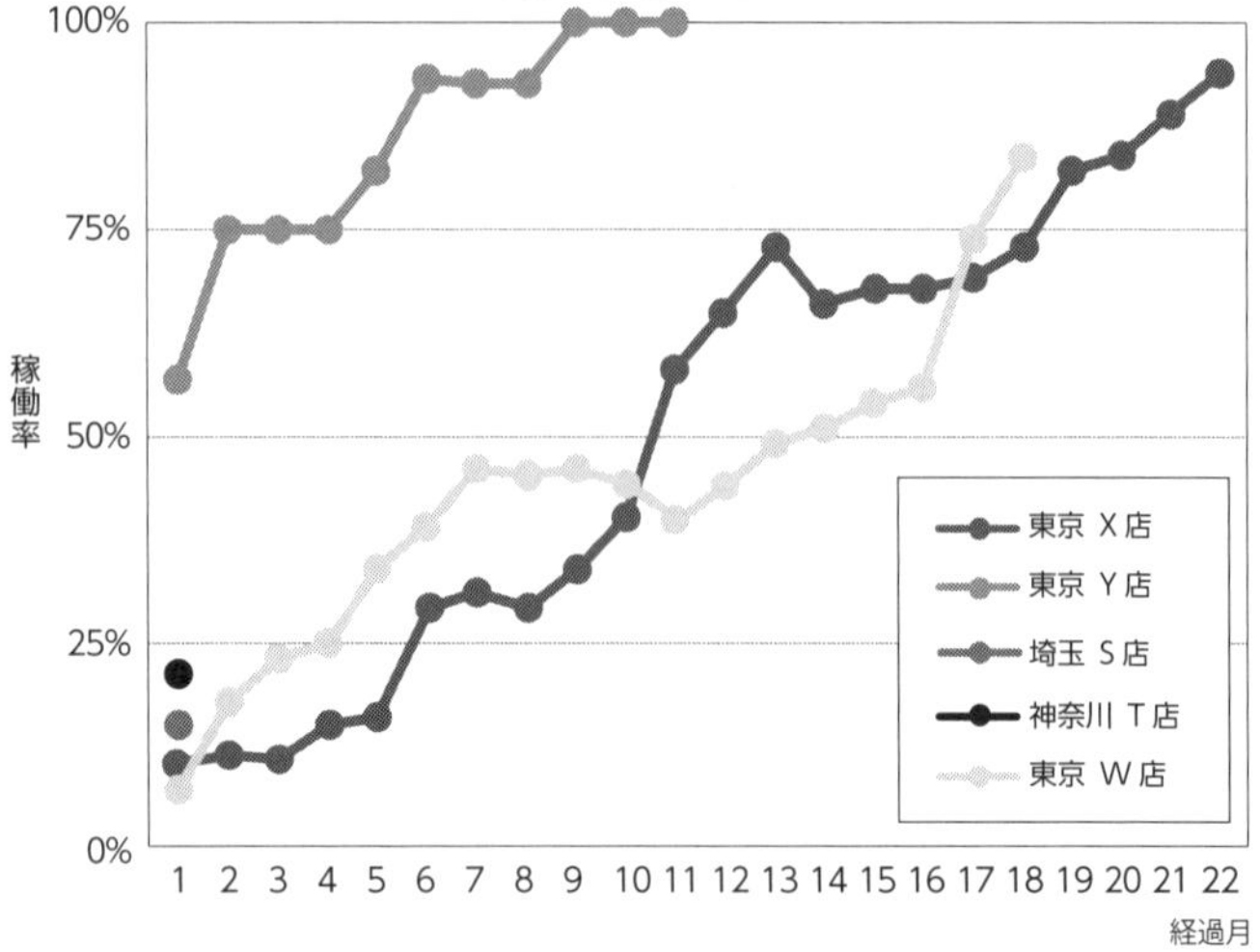

著者作成

契約数は5店舗程度が理想

契約数については、1〜3店舗から始める人が多いですが、私の会社では5店舗程度を提案しています。一気に始める必要はありませんが、最終的に5店舗程度が理想だと考えています。

理由としては、5店舗中すべての店舗がうまくいくものではないからです。1カ月目から稼働率50%を超える店舗もあれば、初動はいまいちでも半年後一気に稼働率70%になるケースもあります。もし5店舗で始めることができれば、いろ

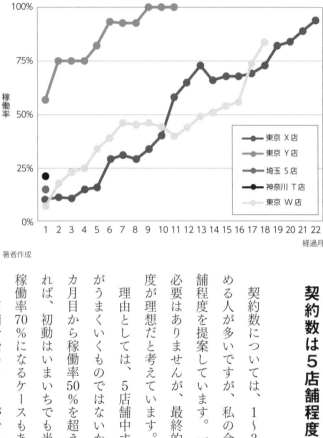

いろな場所に投資することができるため、全体的に見るとかなり安定した稼働が見込めるのです。

トランクルームの稼働率は地域性による違いもあり、やってみなければ分からないのですが、リスクに対する最大のヘッジが複数契約になります。

徐々に増やす人もいれば、最初からやきもきしたくないからまとめて契約する人もいますが、最初に3～4契約しておいて、最終的にどんどん増やしていくケースが多いです。安定的な利益を得るためには分散投資が理にかなっています。

利益の最大化のための工夫

利益を上げていくために集客時のキャンペーンの打ち方で差別化しています。キャンペーンが終わったら、トランクルームの賃料に対して利用者が高く思わない程度の値上げをしていきます。

いわゆる値付けについては時流や時期で変わり、地域性もあります。

例えば宿泊事業では、ルームチャージが一部屋に対していくらか、マンチャージが１人に対していくらかという値付けがあります。

さらに、平日に比べて休前日や祝前日の単価を上げたり下げたりします。具体的には、月曜日が1万円、火曜日は８０００円、土曜日なら2万円というように、オフシーズンとピークシーズンでは価格が何倍も違う……というような設定もあります。

それに対していわゆる家賃は基本的に日ごとには変わりません。

家賃はどちらかというとずっと横ばいか、むしろ徐々に下落していくイメージがあります。だからこそ１０００円、２０００円の値上げも非常に大変だと不動産投資家は思っています。

トランクルームの相場は明確に定まっていない状況です。最初に出した店舗はあとで考えたらとても高い価格設定でしたが、トランクルームが周りになかったため満室になりました。具体的にいくらというのは最初に出したもの勝ちです。トランクルームをこの金額で出しますと言ったら、相場が決まってしまい、周りはそれに合わせるしかなくなります。

トランクルームの価格はニーズが決めています。使いたい人が多くて供給が少なければ、高い値段でも利用してもらえます。もちろんトランクルームがそこら中にあれば、価格競争が起きて値が下がっていきます。

しかし、トランクルームは絶対数がまだ少ないため、誰でも想像がつくような相場はありません。特に店舗が少ないエリアでは値付けを自分たちで決めることができます。そういう面で、トランクルームは陣取り合戦ともいわれています。

逆にトランクルームがたくさんあるところで価格競争が起きて安くなったとしても、その価格を研究することによって絶妙に安い価格を設定したり、うまくキャンペーンを打ったりするなど、対策はあります。

値付けに対して真剣に向き合い、投資家の利益の最大化にフォーカスした運営をしていくべきです。

顧客管理やコールセンターを内製化

トランクルームの運営は、非常に細かい管理を必要とします。1店舗だけで何十にも区分けされていますし、数区分けを1契約としているとはいえ、契約数もそれなりの数になります。

大手の競合他社では、顧客管理やコールセンターをアウトソーシングしているところもあるようです。

その一方、私の会社では管理もすべて内製化しています。利用者に長く契約してもらうためには、サービスが丁寧であることが基本です。

自社で管理を担うのは大変ではありますが、外注すると行き届かない部分が生じる場合もあります。特に利用者への対応の良さは重要であると考え、カスタマーサポート部という独立部署を設けています。

投資家へ報告書を毎月送付し不安を解消

トランクルーム経営は丸投げできるという特徴柄、投資家によってさまざまな不安を感じるようです。特に開業直後の1カ月目は顕著なようで、稼働状況などを質問してくる人が多くいます。

不明点や不安感をなるべく早く解消できるよう、報告書を毎月送付しています。まず初回の報告書を送付するのは、開業の2カ月後です。開業前には工事の進捗具合などを知らせ、開業の前後に至っては半月前と半月後にも届けています。この報告は、投資家の安心感につながっているようです。

希望する投資家へは確定申告の時期には必要な関連書類をすぐに作成する点や、部屋の空き状況などの質問にもすぐに対応している点も、投資家に高く評価されています。

トランクルーム経営スタートまでのフロー

実際に私の会社で、トランクルームに投資する際は、次のような手続きが必要となります。

①物件の担当と面談

基本的にはまず私の会社の物件担当との面談から始まります。一度契約している人の追加投資であれば別ですが、最初の入り口としては関連書籍を読んで詳しく知ってからスタートするケースが多いです。

関連書籍を読んだ人から問い合わせがあった際、まずはトランクルーム経営の説明を行います。

このときに物件紹介を行います。紹介できる物件は地域や時期にもよりますが、3～4

店舗は確保しています。主に２～３カ月後にオープンする店舗をまず売り出していきます。逆にいうと物件情報は「毎月これだけ出します」というものではないので、いい物件があればすぐに契約しないとなくなってしまいます。

面談時に迷った場合は、メールやＬＩＮＥ通知などで随時情報を配信しているので、欲しいタイミングで気に入った物件情報がきたときに連絡してもらうのがおすすめです。

②申し込み

物件やサービスなどに納得したら申し込みに進みます。ウェブ上での申し込みが可能です。

③社内審査

簡易的な社内審査を行います。ローン審査ではないので、それほど厳しい審査ではありません。

④契約締結・入金

審査が完了したら契約に進むという流れです。契約書に押印し、必要な金額（物件により異なる）を振り込んでもらいます。契約もウェブで完結することが可能です。

契約の書面などはそこまで難しくありません。

建物は物件オーナーから私の会社が借りて、投資家に又貸ししています。そのため物件の建物転貸借契約という又貸しする契約と、トランクルームの運営管理を私の会社に任せるという業務委託契約を行います。契約内容に関して不明点があれば、理解してもらえるまで説明します。

契約・入金してしまえば、投資家は待つだけです。

希望があれば投資家が完成前後のトランクルームを見学する機会をつくることも可能です。

トランクルームの運用開始

店舗オープン月より売上が発生します。当月の売上は翌月末に振り込みます。

実際にオープンしたら稼働月の翌月末に事業報告書を送ります。最初は開業してから報告まで2カ月あるので、それまでは中間報告のような形で稼働率などをメールで報告していきます。基本的に投資家側は何もすることはありません。

トランクルームにこだわらず無限大の活用

トランクルーム経営はもちろんトランクルームの運営が主ですが、ほかの事業との掛け合わせも可能です。例えば1階の店舗であれば冷凍食品の無人販売所として貸し出したり、バイクガレージと組み合わせたりできます。

2階以上であればレンタルオフィスだったところをトランクルームに変えることもできるし、その逆も可能です。最近ではジムなどのトレーニングスペースとしての需要もありますし、スペースを活用することでいろいろな可能性があります。

私の会社ではほかの事業にも使いたいニーズがあれば、店舗を改修して貸し出すなど臨機応変に運営しています。ハウスメーカーやほかのトランクルーム運営会社も決まったプランに縛られることがほとんどですが、そうではなく、その場所に合わせた形で最大限の利益を取りにいく方針です。売上をつくる努力を惜しまない応用力があります。

トランクルームだけに縛られず、ニーズや状況に応じて柔軟に対応できるのが強みです。

トランクルーム×レンタルオフィス

トランクルーム×バイクガレージ

第４章

都市型トランクルーム経営を成功させた５人の投資家たち

【事例1】
Aさん　男性　58歳　大手企業役員
年収：1億円　家族構成：妻、子3人　契約数：23

◆現在の台東区Y店の利回りは15年平均で25％

最初は、年収1億円以上の会社役員のAさんです。トランクルーム経営の主目的は節税で、1年に一度、契約をしています。まず杉並区のX店、その翌年に台東区のY店で契約となり、現在の契約数は23件です。

Y店は好成績で、入居率は1カ月目から50％を超えその後も稼働率が順調に上がり続けました。

Aさんは、Y店でのトランクルームを契約してからまだ1年も経ちませんが、現在の入居率は100％です。キャンペーンで入居した人は、キャンペーン適用期間後に値上がりとなるので、売上は110％ほどになり、現在の利回りは15年平均で25％と順調です。

問題だったのは、最初に契約した杉並区X店のほうです。

◆X店の真向かいに競合店が出現

X店は、1年経過した時点で少しマイナスになっていました。一番の原因は、開業後数カ月の時点で店舗の正面に競合店ができたことです。

ライバルの出現は、稼働状況に大きく影響します。この店で解約が出たのは、競合店が開業に伴う大幅値下げキャンペーンを行ったためでした。

しかし、ライバル店は狭くて急な階段を使う必要がある一方、X店の階段は比較的横幅がありそこまで急ではなく、利便性では勝っていました。

また、ライバル店は価格は低く設定されていましたが築古の建物でした。

◆チラシのポスティングで入居率が94%までアップ

以前も競合店が出現することはありましたが、これほどまでに近い場所にできたのはこの店が初めてでした。そこで設備が充実していることを打ち出したチラシのポスティングを行い、この店の強みである使いやすさをアピールしました。

あわせて、ライバル店よりも若干安めの金額になるキャンペーンを3カ月限定で行ったのもポイントです。インターネットのリスティング広告も強化し、件数はそこまで多くはありませんが周辺の法人には直接営業に出向きました。

こうしてさまざまな対策を講じた結果、初年度に58％だった入居率は、今では94％まで改善しています。対策によって一度ぐっと上がり、その後はちらほら退去が出て少し下がるようなこともありましたが、稼働率は徐々に上がり、現在では残り4室というところまでいっています。

◆稼働率の増減幅は店舗のサイズ感によって異なる

トランクルーム経営は、店舗のサイズ感を理解することも重要です。50室ある中型の店舗と20室の小型店舗では、部屋の埋まるスピードは異なります。

小型店舗では、1室入った場合の稼働率の上がり幅も大きくなります。一方、部屋数が多い場合、稼働率を同じように上げるには倍近くの契約数が必要になります。

図15　杉並区X店 稼働率推移

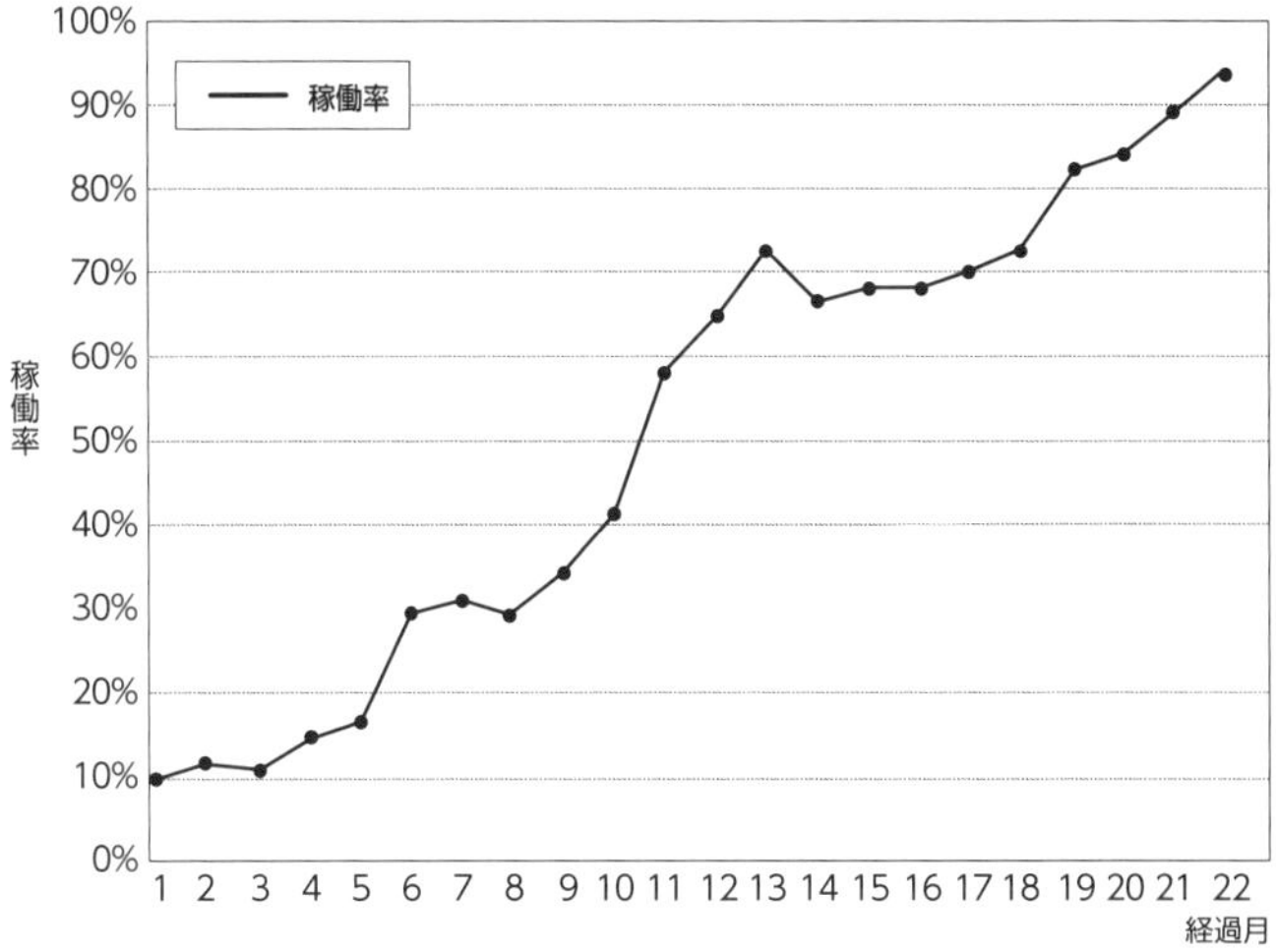

著者作成

ただ、投資家の立場になると、最終的に入ってくる金額は契約数とイコールではないというのがポイントです。

大型・中型の店舗だと売上が伸びても分配される振込金額の上がり幅は狭くなってしまいます。それは売上がマイナス傾向のときも同じですので、X店が不調の場合は良い側面として働いていたといえると思います。

いずれにせよ基本的に周辺の需要が見込めていない場所で部屋数の多い店舗を開業するのは、なかなか埋まらないのでリスクがあります。もちろん出店当初は、そういった状況も織り込み済みではありますが、競合する店舗があまりに近い場所にできるというような想定外のことも起こり得ます。

◆長く続けるほど利益が蓄積される

Aさんは Y店が順調で、X店の稼働率が改善されてきた段階で、ほかの店舗で契約を増やしました。2店舗経験したことで、これならいけると思ったようです。リスクの分散を考慮し、千葉、埼玉、神奈川と投資の幅を広げました。

長く続ければ続けるほど、キャッシュがどんどん入ってくるのがトランクルーム経営です。物件が所有型でないので節税向きですし、長く経営すると利益をたくさん得られ、より安定的な収入につながります。

Aさんは将来的には息子に名義変更し、トランクルーム投資を継続する予定です。

◆トランクルーム×レンタルオフィスで稼働率100%を達成

レンタルオフィスがメインの港区のZ店では、通り沿いに看板を出せないため満室にな

図16　港区Z店 稼働率推移

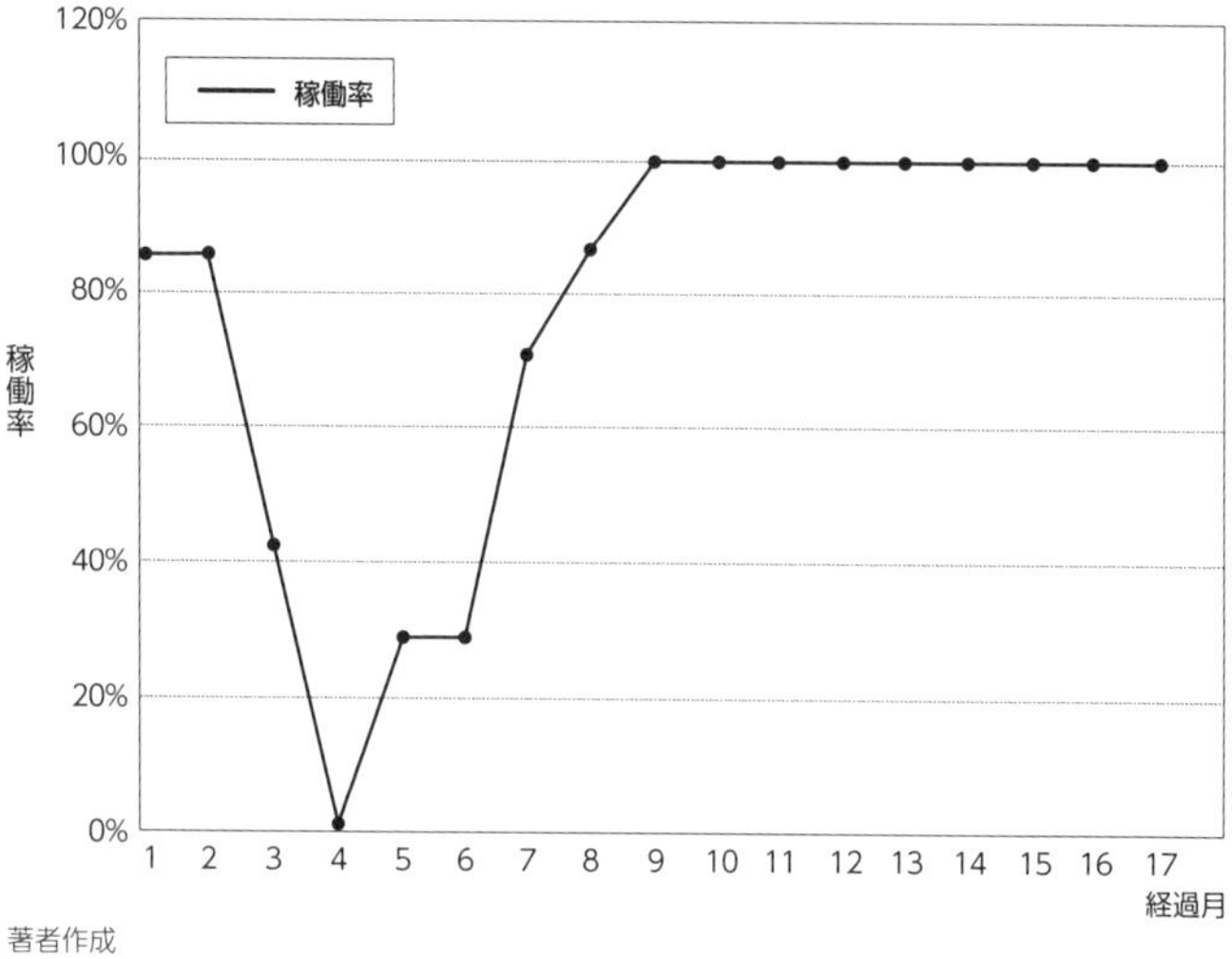

著者作成

るまである程度時間がかかりました。しかし、運よく開業のタイミングでオフィスを改装する法人が近くにあり利用が多く、工事の期間中のみという短期ではありますが開業当初からほぼ全室埋まりました。

改装工事が終わって法人が退去したあと、売り上げがかなり下がった時期はありましたが、それほど時間をかけずに入居者が出てきました。部屋数が少ないこともあってか、レンタルオフィスの稼働率は1年以内には100％に到達し、今も満室で稼働しています。

このレンタルオフィスの一角にあるのが、ロッカーサイズのトランクルームです。スポーツクラブや健康ランドにあるようなイメージのトランクルームで、少し空きスペースができたため設置しました。

合計14個で、金額は1個あたり月額5900円ほどです。現在は半分ほど埋まっています。

この店の小さなトランクルームは少しでも売上を伸ばそうと設置したものでしたが、現在はトランクルームを半分残しつつ、1室レンタルオフィスを増やして運営を行っています。

◆住宅街で需要が伸びたバイクガレージ

品川区のW店はバイクガレージを併設しています。

駅近の商店街などといった人通りの多い場所ではなく、住宅街にある店舗なので稼働率の上昇は緩やかでした。

バイクガレージはそれなりに人気ではあったものの、トランクルームは入居率がそこま

図 17　品川区 W 店 稼働率推移

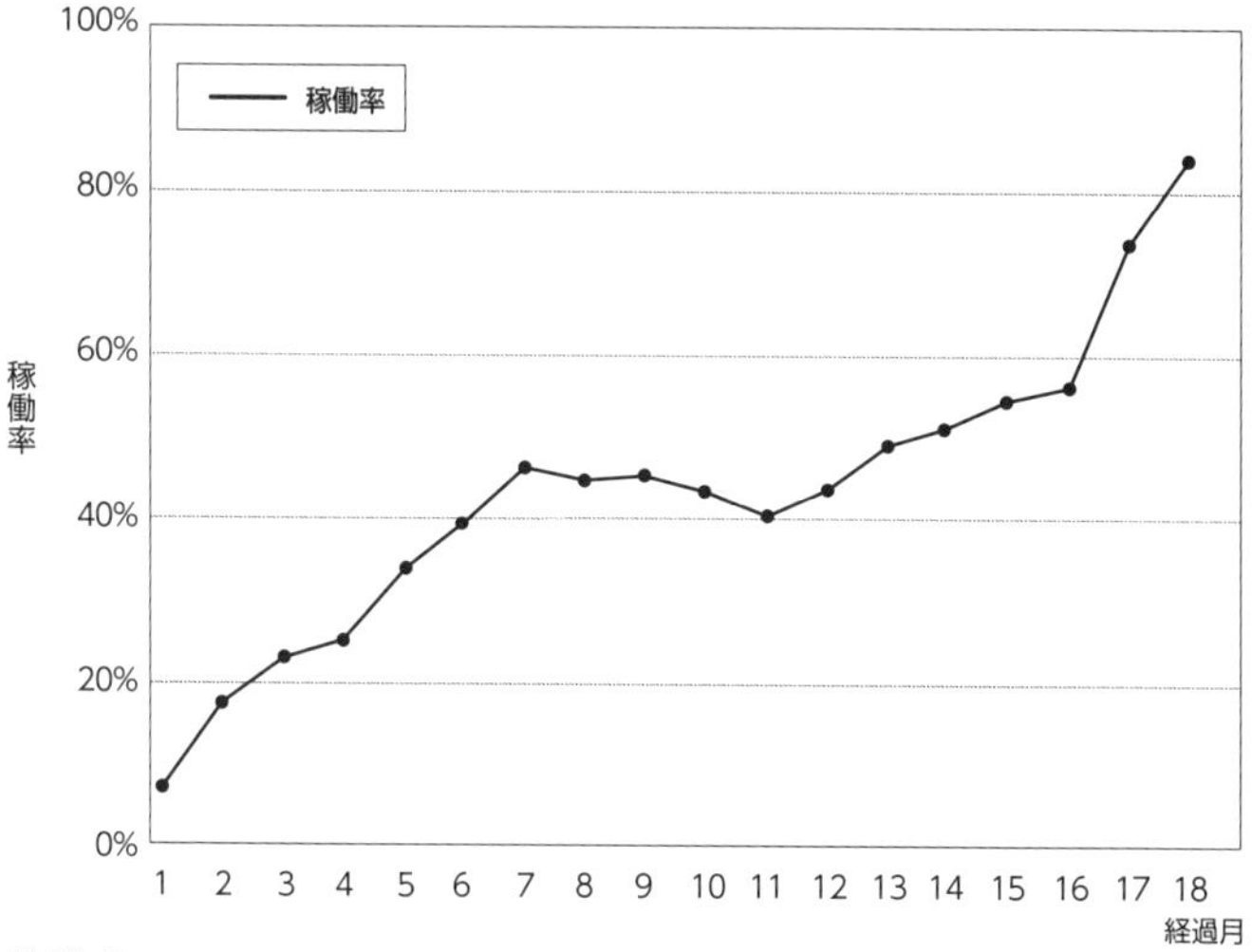

著者作成

で高い状態ではなく決して良い状況とはいえません。安定的に高い売上を立てられているのは、単価を取れるバイクガレージが満室であるおかげです。

バイクガレージの需要が多いということに気づいてからは、バイクガレージ内を改修して1台分増やすなど収益を上げる工夫をしています。

◆バイクガレージは単価が高い

トランクルームとして貸すより、バイクガレージといった形で貸すほうが高単価を狙えます。それは、バイクガレージの希少性にあります。

ハーレーダビッドソンなど高価な大型バイクは、大切に扱っている人が大多数で屋外ではなく屋内で管理したいという人が多いのです。

そもそも高価なバイクを所有する人自体、年収が高いケースが多く、ある程度の駐輪場代を負担することが苦になりません。車1台を停めるスペースより安ければ、割安に感じてもらえます。

この店のバイクガレージは、道路からスロープで地下に入ったところにある、車を数台置けるようなスペースをバイクガレージにしています。マンションの地下にある駐車場をバイクガレージとして活用するパターンです。地面がコンクリートで水捌け目的の溝があり、利用者向けの洗車スペースを設けることもできました。空気を入れる器具などバイクを整備するための機械も備えつけていて、バイク好きの人に支持されています。

投資家のなかでバイクガレージに興味をもつのは、自身がバイク好きの人や実際にバイクガレージを借りている人が多い印象です。バイクガレージへの理解があるため、需要の高さがイメージできて投資意欲が生まれるのだと思います。「バイクガレージがあるなら投資したい」という人は多いようで、バイクガレージの人気は高いです。

【事例2】
Bさん　男性 42歳　自営業
年収：700万円　家族構成：妻　契約数：2

◆まずは1件からスタート

Bさんはもともと投資経験のない人でした。自分の年齢や老後2000万円問題、年金不足問題や税金がずっと上がっていることなどに不安を感じて投資先を探すなかで、1年ほど前に私の会社を知り、問い合わせをしてきました。

最初の投資先はAさんと同じく台東区のY店です。担当の営業は2件ほど契約することを提案したのですが、「まずは1件のみ契約したい」とのことで1店舗からスタートしました。

Y店は初月から50％以上埋まり、2カ月目には60％や70％になるほど好調だったので契約を1件のみにとどめたことを少し後悔していたようです。

図 18　北区 V 店 稼働率推移

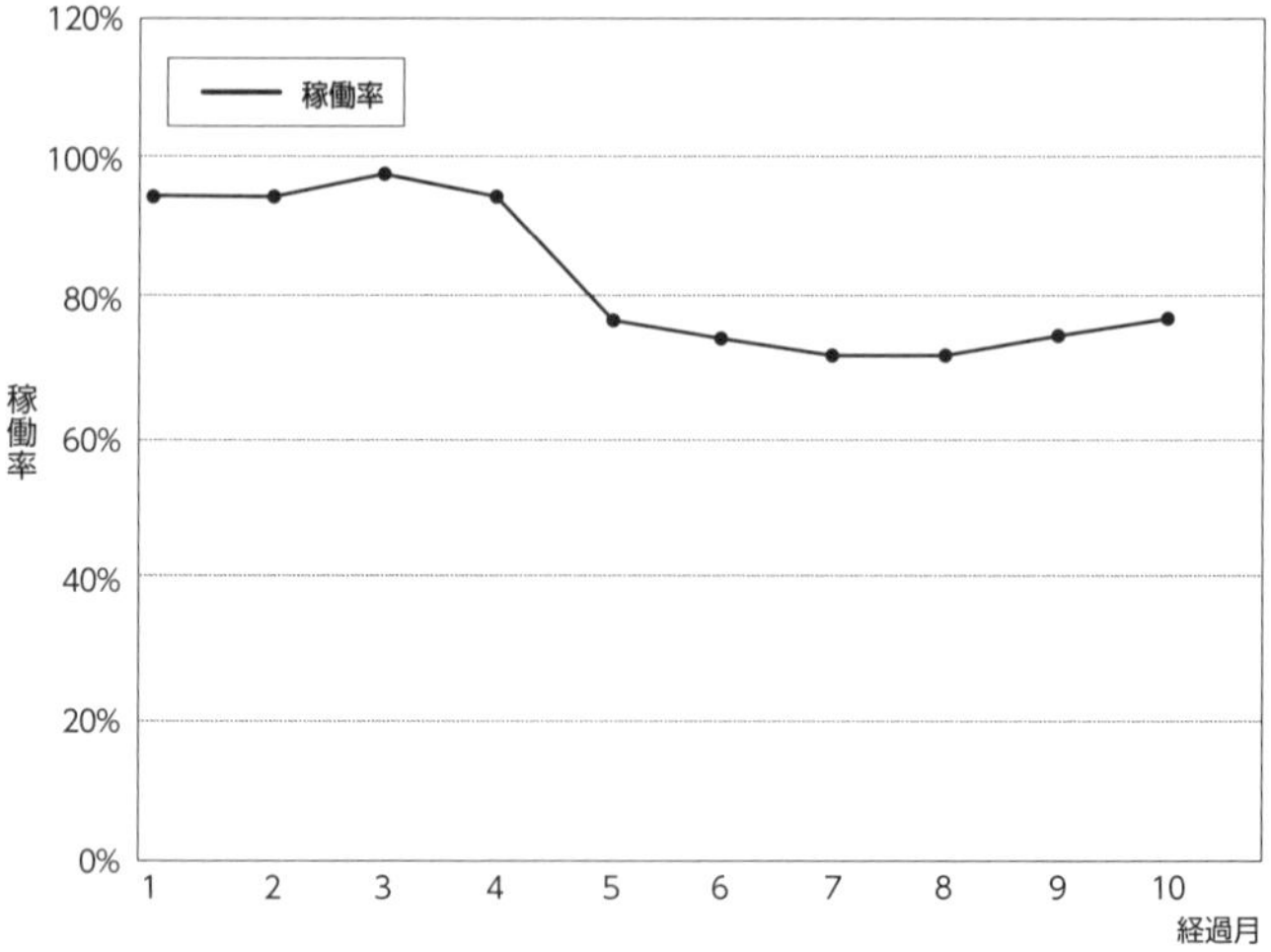

著者作成

◆追加投資はニーズの高い北区のV店

ほどなくして「契約件数を増やしたい」という要望があり追加投資したのは北区駅前のV店です。

今はそこまでこだわっていませんが、トランクルームには家賃の高いエリアが適しているという前提があります。

北区にある赤羽駅の周辺は庶民的な雰囲気で、そこまで家賃が高いわけではないので既存の投資家は躊躇《ちゅうちょ》してすぐに売れなかったのです。

結果、V店はBさんを含め、その多く

が新規の投資家または2件目の投資家ということになりました。もともといた投資家が迷っている間に、新しい人がどんどん購入していった形です。

V店は、台東区のY店と同様に好調で初月から稼働率は94%を叩き出しました。

◆競合がいなければ一人勝ちできる

V店が、ここまで好調である理由は定かではないのですが、競合がいないという点は大きいと考えています。駅前の商店街にあるトランクルームは当初私の会社だけで、今でも状況は変わっていないのではないかと思います。

赤羽駅を出てすぐ、商店街の入り口つまりいちばん手前にあるというのは利点ですが、店舗は地下にあり階段が急で狭いので、立地条件が良いとは言い切れません。

需要が高いのは、店舗を内覧できる見学会にかなり多くの人が来たことからも推察されました。見学会の時点で、「使います!」という声が多数あり、どんどん契約が決まったのです。やはり、需要があるにもかかわらず、近隣に同様の施設がないというのが一番の理由なのだと思います。

◆開業から5カ月目に水漏れ被害が発生!

高い稼働率を誇るV店ですが、トラブルがなかったわけではありません。3月に開業したあと、順調に埋まったものの、8月に漏水が発生しました。

1階のテナントから水漏れがあり、トランクルーム内にカビが発生しました。実際に水漏れした部屋に加えて両隣の部屋にも被害が出てしまい、不運なことに、どの部屋も広めでした。

被害にあった利用者には、荷物を別の部屋に移してもらいました。元の場所より少し狭めのところしかなかったのですが、なんとか荷物が入ったのは幸いだったといえます。

ただ、それにより合計6室が使えないことになりました。新規で空きが出たときは別として、基本的には新規募集をできないですし、最初の4カ月間90%を超えていた入居率は70%まで下がっています。このときには、Bさんも心配している様子でした。

◆実質の金銭被害はオーナーが補填

それでも売上はまずまずで、利益は出ています。工事が終わったら全部屋稼働させられる見込みです。

管理会社とオーナーとで話し合った結果、水漏れ被害で部屋を使えなかった間の賃料は、オーナーに補填してもらえることになっています。

実際、水漏れなど建物のトラブルは、どの物件であっても起こり得るリスクです。私の会社のトランクルームは、賃貸契約であるために金銭的な被害を回避することができました。逆に物件を所有している場合は、自分で直さなければなりません。

このようにトラブルはあったものの、Bさんの2店舗2契約は順調に利益を上げており、このまま何事もなければ15年平均で25~30%の高利回りを維持することになります。

【事例3】
Cさん　女性　36歳　経営者
年収：1200万円　家族構成：独身　契約数：3

◆節税目的で2店舗2契約の投資でスタート

36歳の女性Cさんは、自身でネイルサロンを経営しています。ネイルサロンだけでも十分な利益が出ているため、収益に加えて節税も目的として、投資先にトランクルームを選択しました。

Cさんは、最初はトランクルーム経営に対して少し懐疑的な考えがあり、レンタルオフィスをメインにしている港区のZ店とバイクガレージを併設している品川区のW店の2店舗で、1件ずつの契約となりました。

◆稼働率は1年かけて70〜80%になるのが通例

レンタルオフィスがメインの港区のZ店は開業当初から稼働率が良く、好調な滑り出しでした。一方、バイクガレージ併設のW店は前半こそあまり良くなかったものの、途中から軌道に乗り売上が安定してきましたし、不調であった時期も両方合わせればプラスではありました。

こうした投資は、およそ1年で稼働率が70〜80%になるのが一般的です。それもあり、まず1年間は様子見として投資する人が多いです。よほど早いタイミングで稼働率が急上昇する場合は別ですが、Cさんも基本的には最初の1年目は様子見のスタンスです。

◆新規投資先の情報は新しい投資家に優先して提供

今では月間10店舗ほど出店できていますが、Cさんがトランクルームを始めた時期は投資家の数が増えている一方で、出店数は月間2〜3件程度という頃でした。

新規の投資家で待機中の人に、優先して情報が届くようになっていることもあり、様子見している既存の投資家は、買いたいと思っても買えないといったことが多かった時期でした。

図19　墨田区U店 稼働率推移

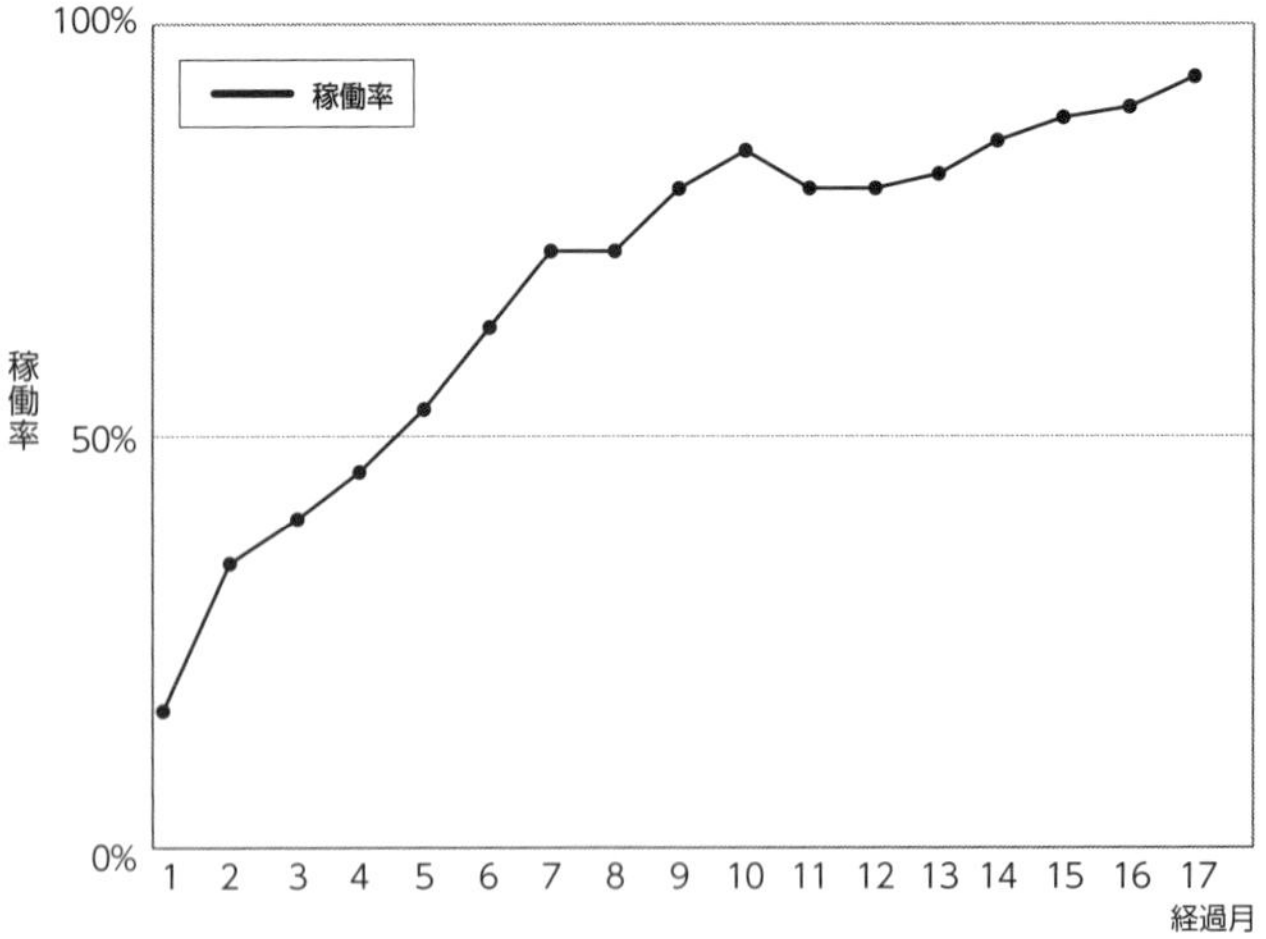

著者作成

そんななか、Cさんは墨田区に新しくU店ができたときに早めに手を挙げ、追加の投資先が決定しました。

U店はトランクルームのみではあるものの、2階建てで駐車場があり、住宅街であるため看板をかなり大きく出せる好条件の店舗です。

この店の初月の稼働率は、16％でした。この数字はまずまず順当なところです。立地条件が良ければ、そこからの上昇ペースがかなり速いのが特徴的で、75％程度まではすぐに上がります。

稼働率の上がり幅は、物件ごとに異なり

ます。初月である程度入ったあとは、基本的には平均して毎月4％ずつ上がっていくイメージです。室数が多いと、ここまでの上がり幅にはなりません。

ただ、毎月2～3％の上昇では1年経っても40％に至らないため、そこで、ポスティングなど広告宣伝活動でテコ入れを行うことになります。

当初から高かったU店の稼働率は今では約93％になります。おかげさまで、Cさんからは今年もまた追加で契約をしたいと言ってもらっています。

【事例4】
Dさん　男性　63歳　引退
年収：なし　家族構成：妻、子1人、孫2人独身　契約数：10

◆現役引退後にトランクルーム経営

Dさんはすでに60歳を超えていて、仕事はすでに引退しています。10店舗10契約していますが、投資の目的は相続で、最終的に名義変更して息子と孫に引き継がせようと考えており、もともと不動産投資をしているのか決断が非常に早い印象でした。とにかくメジャーな立地に建つトランクルームを購入する主義で、都内23区と大阪市内を中心に契約をしています。

1年目の最初の契約から、5店契約しました。

◆子や孫に引き継ぐことが目的

定収入を得られるトランクルームをいくつか最終的に、息子や孫に渡したいという意向

図20　港区P店 稼働率推移

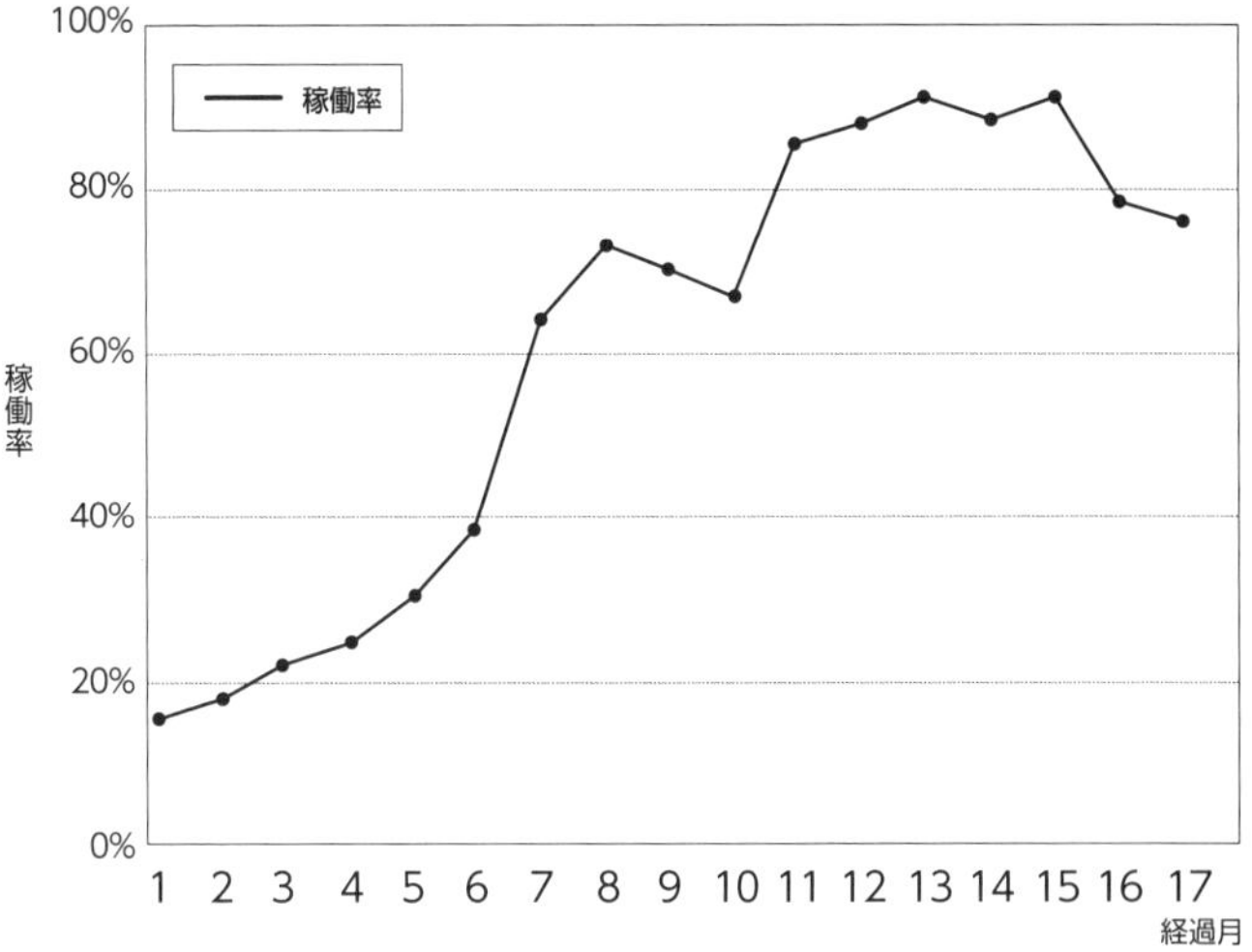

著者作成

図21　大阪市R店 稼働率推移

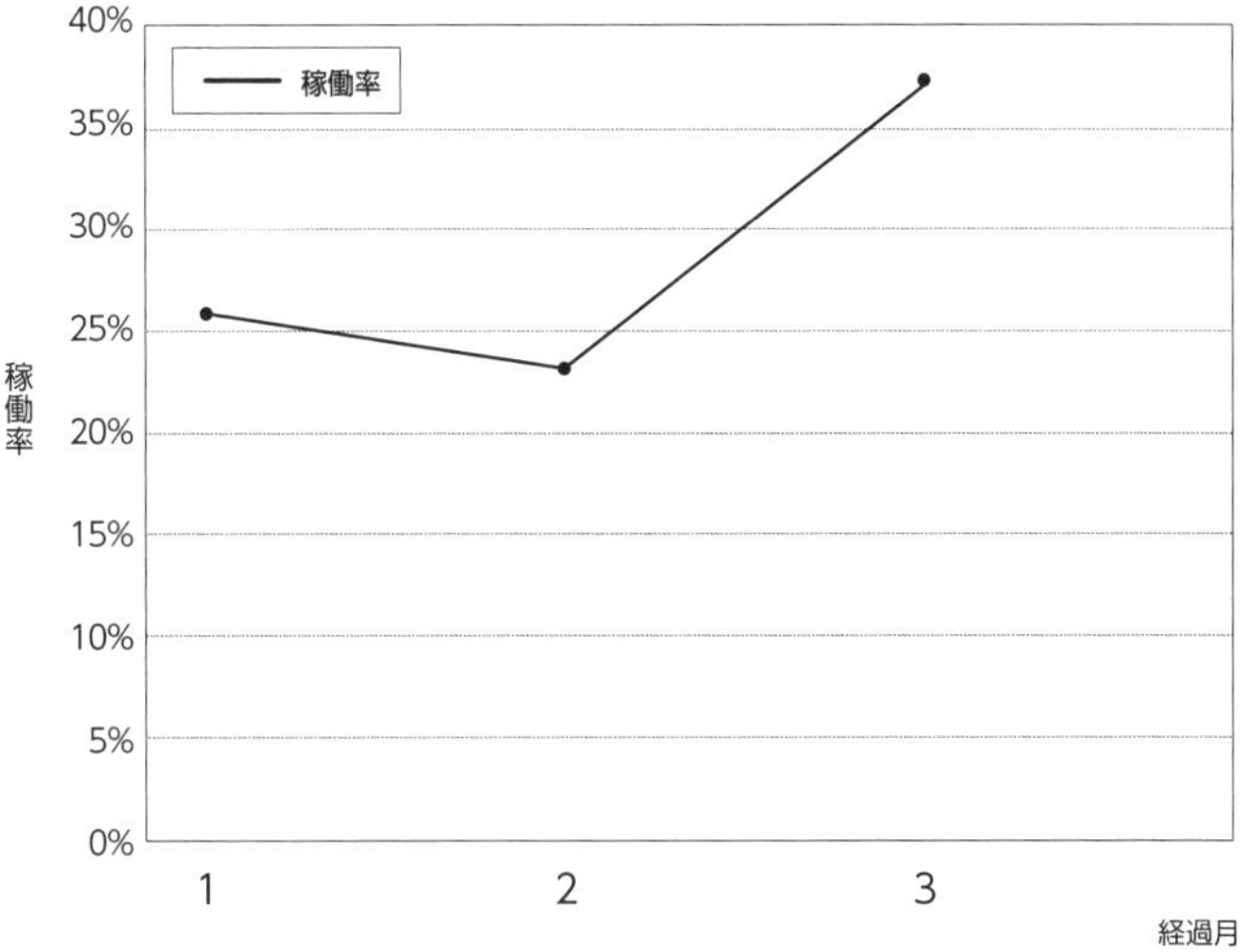

著者作成

があります。エリア的に強い港区の赤坂や大阪では、大阪市内にある南森町という一等地にあるR店でも契約しています。

そうやって地名に力があるところだけを選んで10店舗10契約しています。新しく売り出されたタイミングで買うので、購入タイミングはバラバラです。例えば港区赤坂のP店は1年経ったのですが、大阪のR店はまだ2カ月ぐらいです。

P店は1年、R店は数カ月で1年半の間に10店舗を買い進めた結果、10店中何店舗かはまだ損益分岐点に達していません。理由はオープンしたばかりで、まだ1年経っていない店舗もあるからです。ただし、すべてを合計すれば黒字になります。

このように平均すると総合的に黒字になるというのが、複数投資をするメリットでもあります。

Dさんはまだ息子や孫には引き継いでいませんが、損益分岐点を超えて、すべての物件が黒字になって経営が安定したところで、随時、贈与をしていく予定とのことです。

【事例5】
Eさん　男性　28歳　会社員
年収：500万円　家族構成：独身　契約数：1

◆老後のために1区分の投資を開始

Eさんは年収が500万円とそこまで収入が高いほうではありません。多額の資金は用意できないものの、1契約であれば、投資に回す余力があったということで問い合わせをもらいました。

投資に踏み切ったのは老後に不安を感じたからということでした。2000万円問題もあり、政府が貯蓄よりもiDeCoやNISAなどの投資を推し進める風潮を感じ、不安が募ったようです。

一般的に不動産投資は、早く始めたほうがいいといわれています。長くやるほど効果が見込めるという理論です。

20代のEさんはまだ若く家族もいないためそこまで出費もありません。投資で入ってきたお金での生活を想定しているわけではなく、労働収入がきちんとあり貯める力も持っています。

5〜6年で最初の投資額を取り戻してプラスになっていくような見通しであるため、老後には何倍かにすることを目標としたプランを立てました。

Eさんも含め、手元の貴重な資金を元手に投資する人は、損益分岐点などへのこだわりが強いようです。契約数が少ない人ほど、問い合わせが多い傾向にあります。私の会社としては、そうした投資家に不安を抱かせないようしっかりと報告を上げることも大切にしています。

◆借金ナシで始められる魅力

数ある投資のなかでEさんがトランクルーム経営を選んだ決め手となったのは、借金をせずに済む点が大きかったようでした。通常の不動産投資ですと、お金を借りて投資する場合が多いですし、Eさんのようにそこまで収入が高くない投資家にとって借金は重荷のようです。

ある程度まとまった資金を借りて投資し、それが大きく増えた分を別の投資に回すといったこともイメージはできるようですが「そんなに都合よくはいかないだろう」という気持ちなのだと思います。要は、厳しめな視点をもつ現実主義者です。

株式も投資信託も、損をしたくないと思っている人向けの商品は、そもそも利益が薄いものです。それなりの金額を投資しないと利益はあまり出ません。かといって、「融資でレバレッジをかけるのは怖い」とのことでした。

そこで、なるべく確実性がありそうな投資で、利回りが高いものを探していたところ、ネット検索をしているなかで、私の会社のトランクルーム経営に行き着いたということでした。

ほかの投資は基本的に、まとまった資金がないと始められないものがほとんどです。日本では昔から、投資は富裕層しかできないものといったイメージがあると思います。

そのなかで、富裕層でなくてもできる唯一のものが、融資を使ってレバレッジをかける不動産投資です。とはいえそもそも借金をする場合も、審査時の属性や自己資金などのハードルがあります。一般的な投資をするには、一定条件がそろっている必要があるわけです。

◆数年おきに追加投資するのが目標

契約している店舗はレンタルオフィスを中心とした港区の店で、今のところ順調で、現在は2店舗目の購入を検討しているようです。

お金を貯めたいという気持ちがあり、実際の2店舗目への投資がいつになるかはまだ明らかではありませんが、新しい物件が入ったことをメールで知らせると、いつも見学を希望する勉強熱心な投資家です。

今はまだ投資に充てる資金の用意が整うまで、情報は得ておきたいというようなスタンスでしたが、最初の物件の購入から1年半~2年程度経過しますので、そろそろ追加購入できる時期かと思います。

トランクルーム経営は決して、富裕層に限られたものではありません。Eさんのように、特別収入の多い人でなくとも気軽に行えるのも特徴です。

第5章

深刻化する空き家問題を解決 トランクルーム経営は 社会貢献にもつながる

トランクルーム経営が人々に精神的豊かさを提供する

本書を手に取った人は、投資に興味がある、もっといえば不動産投資に興味のある人が多いのではないかと思います。一昔前まで資産形成の代表的方法として、アパート・マンション投資がありました。

不動産投資といえば、家賃収入を目的にワンルームマンション、一棟アパート・マンションなどの不動産を購入します。

購入するといっても、不動産なので多くは数千万円から億単位の高額です。そこまでの大金を用意できる人はかなり少数派です。

そこで、ほとんどの投資家は、金融機関から融資を受けて購入資金を調達することになります。そして、その家賃収入からローン返済をしていきます。要するに家賃からローン返済額や管理費、固定資産税・都市計画税などの経費を差し引いた金額が月々の収益

（キャッシュフロー）になるのです。

そのまま順調に融資の返済を進めていき、最終的にローンを完済することができれば、ローン返済額分キャッシュフローが増えます。また、完済したあとに売却をすれば、その売却益は丸々手元に残すことができます。これが不動産投資の基本的な仕組みです。

そのほか、物件の値上がり時に売却することで利益を得る仕組みもありますが、この手法は不動産のプロ向けとなり、素人には難しいのでここでは触れません。

トランクルーム経営では、レバレッジはかけられないものの、賃料収入を得ることができます。株式投資やＦＸ、仮想通貨などのように値動きを常にチェックする必要はなく、毎月決まった額の利益が自動的に銀行口座へ振り込まれます。

管理運営すべてを任せることができるので、運営に関わる知識も必要ありませんし、時間を割いて手間をかける必要もありません。投資家は、基本的に毎月の入金を確認することぐらいで、簡単に不労所得が実現できます。

このように不動産投資の一種であるトランクルーム経営では、所有をしないので初期コストがかからないこと、融資を使わないのでレバレッジがかけられないことが、一般的な不動産投資との違いとなります。所有しない代わりに物件を借りるため毎月の賃料が発生しますが、レバレッジがかけられないということは無借金で始めることができます。

そのほかの部分では、「不労所得が得られやすい」「管理運営会社に任せる仕組みが整っている」というところがよく似ています。

不動産価格の高騰が続く東京で不動産投資ができる

東京をはじめ都心部には、「ヒト・モノ・カネ」のすべてが集まります。少子高齢化社会のなかで、地方では人口流出が起きています。最後までニーズがある場所、それが「ヒト・モノ・カネ」が集まる場所、それゆえ、投資対象として都市部が選ばれています。

実際に私たちは日々、「都内の不動産で投資を行いたい」という声を聞いています。しかし、東京の不動産価格は、不景気であっても高騰をし続けており、新築ワンルームマンション投資の利回りは2〜３％という状況であり、投資資金の回収には、順調に稼働したとしても30年もかかるのです。

これでは、投資のうまみよりはリスクのほうが大きいのではないかと思います。世の中には数多くの投資がありますが、少ない資金でも確実に大きく増やすことができる投資はなかなかありません。

だからこそのトランクルーム経営です。都市圏の不動産投資でありながら20％の利回りも夢ではありません。

「利回りが高く、費用対効果に優れている」「手間がかからない」「失敗するリスクが限定的」というのが、トランクルーム経営の大きな特徴で、高い確実性が求められる老後の資産形成のために最適な手段です。

お金があるからといって幸せになれるとは限りませんが、多くの問題はお金で解決することができます。将来に不安だけを抱いてカツカツの生活を送るよりは、毎月得られる不労所得で将来への備えができれば、どれだけ気持ちがラクになるかは明白です。

トランクルーム経営は一攫千金を狙うような投資ではなく、着実に利益を積み上げていく堅実な投資です。なるべく早いタイミングでトランクルーム経営を始めることは人生にとって物質的な豊かさだけでなく、精神的な豊かさを提供するのです。

トランクルーム経営が解決する社会問題

少子高齢化が進む日本では、空き家問題がクローズアップされています。人口減少や高齢化が進む地域では、人口の減少により需要が低下し、空き家が増加する傾向があります。若年層や労働力の流出、子どものいない高齢者世帯の増加などが空き家問題を深刻化させています。

また都市部から地方への人口の移動も空き家問題を深刻化させている理由の一つです。

都市部への人口集中が続く一方で、地方や郊外への人口の移動が起こっています。都市部では需要が高まり、住宅価格が上昇しています。しかしながら、地方では需要不足や過剰な供給が生じ、空き家の増加につながっています。

加えて、それに伴い過疎化や地域の衰退が進む地域では、経済活動の停滞や雇用機会の減少が起こります。これにより、住民の転出や施設の閉鎖が進み、空き家が増える結果となります。

ほかにも、空き家の所有者が利益を追求するために保有している場合や、維持や売却にかかる費用が所有者にとって負担となる場合、または相続などの事情により管理できない状態になっている場合など、所有者の所有目的や経済的事情も空き家問題の要因となります。

空き家問題の深刻化は、地域経済や住民の生活環境に悪影響を及ぼす可能性があります。そのため、地方振興策や適切な土地利用政策、空き家の再利用や再生策の導入など、総合的な取り組みが求められています。

それだけでなく、景気の悪化や後継者不足から空きテナントの増えたビルもまた大きな問題です。

この数年の間、多くの企業が倒産していきました。飲食店も次々に閉店していきました。テレワークの普及によるオフィス撤退や縮小化もトレンドとなり、その結果、老朽化した賃貸空き物件が急増しています。2020年まではビルオーナーである貸し手が優位だったのが、すっかり空室が増えて、借り手優位になっています。


今後一定の企業はオフィスワークに戻るかもしれませんが、以前ほどにはオフィスビルが埋まらないという予測がされています。そのため、新築のオフィスビルですら空室率の増加が懸念されている状況なのです。

特に今年の東京では「東京ミッドタウン八重洲」「麻布台ヒルズ」「虎ノ門ヒルズ ステーションタワー」「東京三田再開発プロジェクト・オフィスタワー」「Shibuya Sakura Stage（渋谷駅桜丘口地区第一種市街地再開発事業）」など、大規模オフィスを備えたビル

図22　空き店舗が埋まらない理由

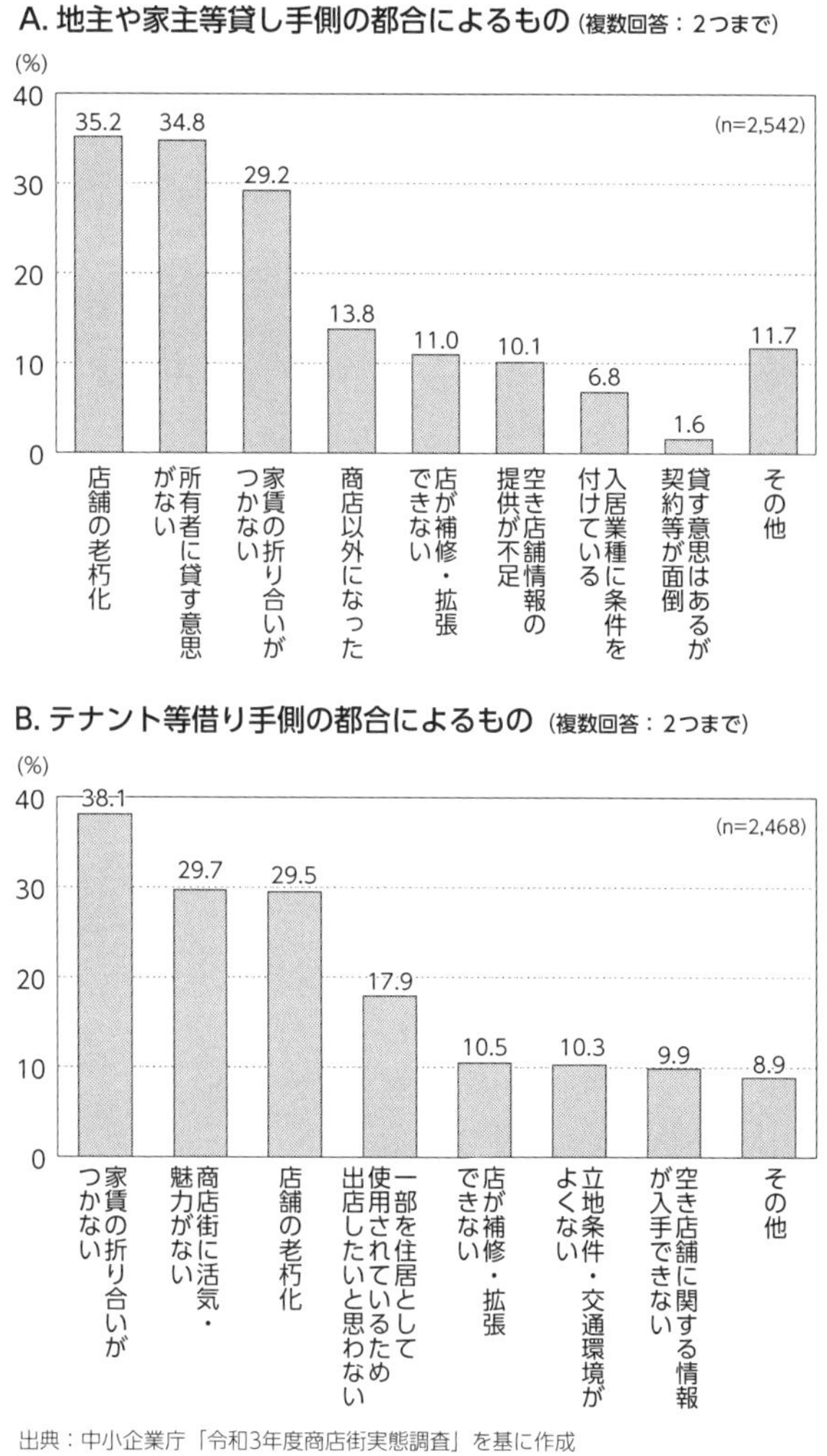

出典：中小企業庁「令和3年度商店街実態調査」を基に作成

図23　今後の空き店舗の見込み

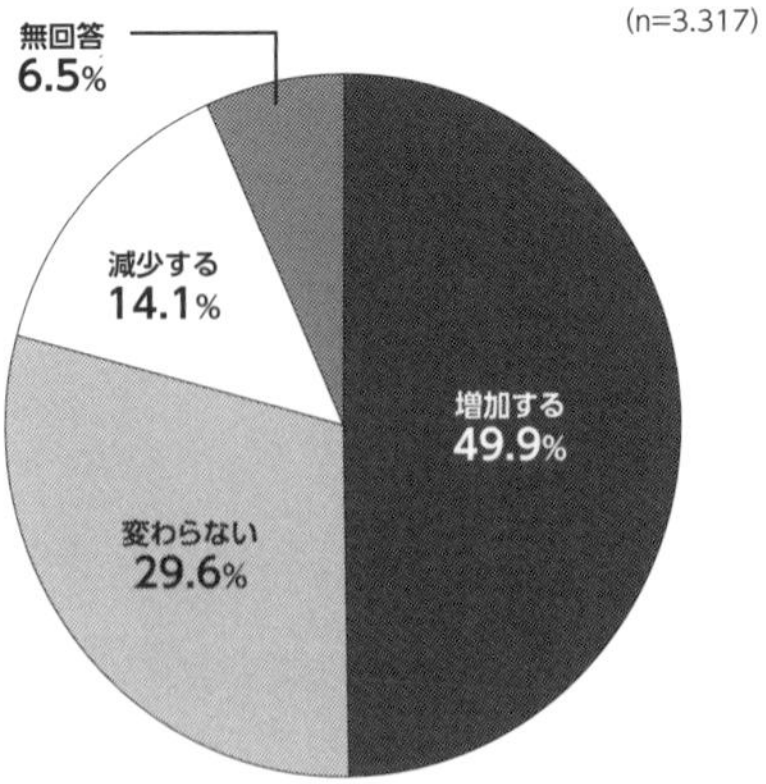

出典：中小企業庁「令和３年度商店街実態調査」を基に作成

が次々と竣工されています。

こうしたオフィスの供給量による需給バランスの崩れは「２０２３年問題」と呼ばれて不動産業界の関心を集めています。新築ビルですら空室を持て余すのであれば、近隣の老朽化したビルがどうなってしまうのか、想像にたやすいのではないかと思います。

シャッター商店街もまた深刻化しています。中小企業庁では、３年に1度、全国の商店街に対し、景況や直面している問題、取り組んでいる事業等について調査を実施しており、レポートにまとめています。

2022年に公表された「令和3年度商店街実態調査」によると、空き店舗が埋まらない理由として「地主や家主等貸し手側の都合によるもの」については、「店舗の老朽化」「所有者に貸す意思がない」「家賃の折り合いがつかない」の順に多くなっています。

空き店舗が埋まらない理由の「テナント等借り手側の都合によるもの」については、「家賃の折り合いがつかない」「商店街に活気・魅力がない」「店舗の老朽化」の順に多くなっています。なお、今後の空き店舗の見込みは、「増加する」と回答した商店街が全体の5割近くを占めています。

私の会社が取り組んでいるトランクルーム事業は、「空き家問題の解決に貢献したい」という想いからスタートしました。

トランクルームは立地を重視しますが、建物が新しくある必要はありません。どれだけ老朽化した建物でも躯体がしっかりしていれば、リノベーション工事をして新築同様の内装で営業ができます。

昨今の物価高から建築資材や住宅設備の価格も跳ね上がっていますが、トランクルームであれば、特別な設備が必要ないため初期コストもそこまで上がってはいません。
空いてしまっている元飲食店や元オフィス、元倉庫を低コストで有効利用することが可能なのです。

空きテナントの有効活用のアイデアとして、トランクルーム経営を進めてきましたが、1社の力だけで需要を満たす数のトランクルームを造ることは到底不可能です。それくらいまで、トランクルームの需要が伸びています。

そのなかで区分型トランクルームの開発により、トランクルーム経営のハードルを大きく下げることに成功した結果、多くの投資家から共感され、出店のスピードは格段に加速しました。

本書を執筆している2023年5月現在、東京・神奈川・千葉・埼玉といった首都圏と、大阪・兵庫といった近畿圏の都市部に絞ってトランクルームの新設を続け、現在179店舗が稼働しています。

空室で苦しむビルオーナー、荷物を預けたい近隣住民、そして、私の会社のトランクルーム経営に賛同してくれる投資家、そのすべてがWin-Winとなり、ビジネスを発展させながら地域への貢献、社会問題の解決に寄与できることが私の願いです。

トランクルーム経営はオーナーの幸せのためにはもちろん、それが多くの社会問題を解決し、社会貢献につながっていくと私は信じています。

おわりに

2021年に上梓した前著『自己資金100万円台ではじめる不動産投資 なぜトランクルーム投資が注目されているのか?』は、多くの投資家の皆さまからトランクルーム経営に興味をもっていただくきっかけとなりました。

当時はコロナ禍の真っただなか、明るい光が見えない状況下において、トランクルーム経営を始めることで、「将来への備えができ、未来の希望へとつながった」という感謝のお声を多くいただきました。

トランクルーム経営はリターンが10倍になったり100倍になったりするような派手な投資ではありませんが、少ない元手からコツコツと堅実に利益を得ることができます。その手応えがしっかりと感じられるため、最初は様子見しながらのスタートであっても、「もう1店舗、もう2店舗」と、どんどん数を増やしていく人が少なくないのです。

すでにトランクルーム経営を検討している方、従来の不動産投資へのハードルからトランクルーム経営に興味をもっていただいた方、不動産投資の経験はないけれど節税の観点で興味をもっていただいた方など、さまざまな読者がいるのではないかと思います。

私自身、長らく不動産業界に身をおくなかで、失敗する人・成功する人を見てきました。そのなかで、感じたのは「投資に絶対はない」こと。そして、「不動産投資は投資と名が付くけれど事業である」ということです。世間ではトランクルーム投資と呼ばれていますが、私はトランクルーム経営と呼んでいます。なぜなら、トランクルームは収納スペースの貸し出しを行う《事業》であり、《経営》を行うことで利益を得ているからです。

トランクルーム経営では、管理運営を委託できるため投資家自身が行うことはほとんどありません。しかし、どのような利用者がいて、どのような収入が生まれるのか、どのような経費がかかり、どのように経費計上できるのか、そして、最終的にどれくらいの利益が手に残るのかを把握すべきだと考えます。

読者の皆さまのように、自ら書籍を手に取って知識を得る、そしてトランクルーム経営への理解を深める、その姿勢こそがとても重要なのです。そうすることで、絶対はない投資であっても、負けることなく勝ち続けることができるのだと思います。

ご縁があり本書をお読みくださった読者の皆さまには、ぜひトランクルーム経営で成功していただき、豊かな将来を築いていただけたらと願っております。

浦川 浩貴（うらかわ こうき）

株式会社 UKCorporation　代表取締役。
長崎県出身。19歳のときに上京。不動産会社の正社員として働き始める。仕事をするなかで東京の空き家問題に目を向け、解決するべくラグジュアリーホテル事業を投資商品として用意し会社を設立。不動産管理業のなかにトランクルームの管理運営もあり、コロナを契機に都心の不動産価格の高騰とスリム化という問題に目を向けることとなり、都民の居住スペースを少しでも広く取れるようにとトランクルーム事業を行うことを決意。トランクルーム投資商品を用意し、2022年末時点で都内を中心に6000室を展開。2025年までに10000室を目指している。

本書についての
ご意見・ご感想はコチラ

完全解説　都市型トランクルーム経営

2023年6月28日　第1刷発行
2024年6月11日　第4刷発行

著　者　　浦川浩貴
発行人　　久保田貴幸

発行元　　株式会社 幻冬舎メディアコンサルティング
〒151-0051　東京都渋谷区千駄ヶ谷4-9-7
電話　03-5411-6440（編集）

発売元　　株式会社 幻冬舎
〒151-0051　東京都渋谷区千駄ヶ谷4-9-7
電話　03-5411-6222（営業）

印刷・製本　中央精版印刷株式会社
装　丁　　秋庭祐貴

検印廃止

Printed in Japan
ISBN 978-4-344-94681-1 C0033
幻冬舎メディアコンサルティングＨＰ
https://www.gentosha-mc.com/